서울대 한국어

Student's Book

서울대학교 언어교육원

서울대 한국어 2B Student's Book

지은이 서울대학교 언어교육원
편집인 박형만, 양승주, 김지연, Cliff Lee
펴낸곳 (주)투판즈
서울특별시 강남구 도곡로 193
Tel (02)2140-2500
Fax (02)2140-2599
www.twoponds.co.kr
등록 1980년 10월 7일 제2004-000086호
디자인 새담디앤피
초판 1쇄 2013년 5월 10일
13쇄 2018년 8월 1일

정가 20,000원(CD-ROM 포함)
ISBN 978-89-539-3431-3

이 도서의 국립중앙도서관 출판시도서목록(CIP)은 서지정보유통지원시스템(http://seoji.nl.go.kr)과 국가자료공동목록시스템(http://www.nl.go.kr/kolisnet)에서 이용하실 수 있습니다.(CIP제어번호 : CIP2013001746)

Written by Language Education Institute, Seoul National University
Published by TWOPONDS Co., Ltd.
Designed by SAEDAM D&P

머리말 Preface

〈서울대 한국어 2B Student's Book〉은 한국어 성인 학습자를 위한 정규 과정용(약 200시간) 한국어 교재 시리즈 중 두 번째 책이다. 이 책은 200시간의 한국어 교육을 받았거나 그에 준하는 한국어 능력을 가진 성인 학습자들이 친숙한 일상적 주제와 기능에 대한 언어 구성 능력과 사용 능력을 익혀서, 기본적인 한국어 의사소통 능력을 기르도록 하는 데 목적이 있다. 본 책은 다음과 같은 특징을 가지고 있다.

첫째, 말하기 의사소통 능력 신장에 중점을 두되 구어 학습과 문어 학습이 초급 단계에서부터 긴밀하게 연계되도록 구성하였다. 이를 위해 어휘와 문법의 연습, 대화문 연습, 담화 구성 연습으로 이어지는 단계적 말하기 학습을 도입하여 언어 지식의 학습이 언어 사용 능력 습득으로 자연스럽게 전이되도록 하였다. 또한 듣고 말하기, 읽고 쓰기 연습을 통해 구어와 문어의 통합적 학습이 이루어지게 하였다.

둘째, 실제적인 과제를 수행하는 과정에서 학습한 언어 지식을 충분히 활용하고 학습자 간 유의미한 상호 작용이 활발하게 이루어지도록 구성하였다. 다양한 유형의 과제를 제시하고 필요한 경우 활동지를 별도로 제공하였다. 또한 원활한 과제 수행이 이루어질 수 있도록 교사용 과제 도움말을 CD-ROM 자료실에 제공하였다.

셋째, 어휘 및 문법, 발음 학습이 체계적으로 이루어지도록 구성하였다. 어휘는 각 과의 주제와 연계하여 의미장을 중심으로 제시함으로써 효율적인 어휘 학습이 가능하게 하였다. 또한 문법 항목의 의미와 용법에 대한 핵심적인 기술을 예문과 함께 제시함으로써 종래 한국어 교재에 부족했던 문법 기술 부분을 보강하고자 하였다. 이를 위해 문법 해설을 부록에 별도로 제공하여 목표 문법에 대한 학습자의 이해를 도울 수 있게 하였다. 발음은 해당 과와 관련된 개별음의 발음, 음운 규칙, 억양 등을 연습하여 발음의 정확성 및 유창성을 익히도록 하였다.

넷째, 문화 영역 학습이 수업에서 원활하게 이루어질 수 있도록 구성하였다. 이를 위해 그림, 사진 등의 시각 자료를 활용하거나 학습자의 숙달도가 고려된 간략한 설명으로 한국 문화 정보를 제시하였다. 또한 문화 상호주의적 관점에서 학습자 간 문화에 대해서 공유하는 기회를 가지도록 하였으며, 한국 문화에 대한 심화된 이해를 돕기 위해 부록에 문화 해설을 별도로 제시하였다.

다섯째, CD-ROM을 함께 제공하여 수업용으로뿐만 아니라 자율 학습용으로도 사용하도록 하였다. CD-ROM에는 어휘 및 문법의 간단한 연습, 말하기 연습, 읽기 텍스트 및 듣기 지문, 어휘 및 문법 목록, 오디오 파일, 수업용 보조 자료 등이 제공되어 예습과 복습에 효과적으로 이용할 수 있게 하였다.

여섯째, 영어 번역을 병기하여 영어권 학습자의 빠른 의미 이해가 가능하도록 하였다. 말하기 1 · 2 대화문, 문법 해설, 문화 해설 등에 번역을 함께 제공하였으며 각종 지시문, 새 단어 등에도 번역을 병기하였다.

일곱째, 사진, 삽화 등의 시각 자료를 풍부하게 제공하여 실제적이고 흥미 있는 학습이 가능하도록 하였다. 내용을 이해하는 데 도움이 되는 시각 자료를 통해 의미와 상황을 정확하게 전달하고 학습자의 흥미를 유발함으로써 학습 효과를 높이고자 하였다.

이 책이 완성되기까지 많은 분들의 노력과 수고가 있었다. 무엇보다도 오랜 기간에 걸쳐 집필 및 출판 과정에 참여한 교재개발위원회 선생님들의 헌신으로 책이 만들어질 수 있었다. 또한 2012년 겨울학기에 직접 수업에서 사용하면서 꼼꼼하게 수정해 주신 신경선, 현혜미, 이현의, 이소영, 서경숙, 김종호, 이수미, 이슬비 선생님, 정확한 발음으로 녹음을 해 주신 성우 임채헌, 윤미나 선생님께 감사를 드린다. 아울러 책이 출판되기까지 오랜 기간 동안 작업을 도와주신 투판즈의 사장님과 도현정 부장님, 박형만 편집팀장님, 양승주 대리님, 김지연 주임님을 비롯한 편집진 여러분께도 고마운 마음을 전한다.

2013. 5.
서울대학교 언어교육원
원장 정 상 준

Preface 머리말

<Seoul National University Korean Language 2B Student's Book> is the second volume in the multi-level series developed to be used in a regular program (about 200 hours of class work) for adult learners of the Korean language. The primary goal of this book is to help novice learners of the Korean language who have already had 200 hours training, so that they may build core communicative competence by developing their ability to construct language about topics of interest and apply language in real life situations. The key features of this book follow.

This textbook is carefully coordinated to link spoken language and written language while focusing on the development of communicative language skills. It utilizes a step-by-step approach consisting of vocabulary and grammar practice, controlled conversation practice, and open-ended interaction. Through this approach, knowledge about language transfers to real language use. In addition, 'Listening and Speaking' and 'Reading and Writing' sections integrate spoken language and written language learning.

A task-based approach maximizes the use of linguistic knowledge and encourages meaningful interaction between learners. Various types of tasks are introduced and activity sheets are provided as needed. The CD-ROM offers detailed direction to assist instructors in managing class activities.

A systematic approach to learning vocabulary, grammar and pronunciation is adopted. Carefully selected vocabulary relating to the topic of each unit is meaningfully presented to learners increasing efficacy. In-depth descriptions with example sentences explain the meaning and usage of grammatical items and reinforce grammar concepts. The Grammar Extension presented at the back of the book as appendix aids learners' comprehension of target grammar. The Pronunciation section also promotes accuracy and fluency with lessons for individual sounds, phonological rules, and intonation.

This textbook is designed to actively integrate culture with classroom instruction. Cultural information is delivered by visual aids such as pictures and photographs, and level tailored concise explanations. This book also provides learners with opportunities for meaningful language production by sharing their own experiences interculturally. The appendix further extends the understanding of Korean culture.

The text includes a CD-ROM that can be used in the classroom as well as independently, as an effective tool for previewing and reviewing. It contains simple exercises for vocabulary and grammar, speaking practices, reading texts, transcripts, vocabulary and grammar lists, audio files, and supplementary materials for classroom use.

Korean and English translations help English-speaking learners understand quickly. English translation is offered for Speaking 1, 2 dialogues, Grammar Extension, Culture Extension, exercise instructions, and new vocabulary.

Abundant visual aids such as photographs and illustrations make learning more realistic and enjoyable. Visual aids clearly enhance learning efficacy and increase learners' interest by delivering information on situations and meanings.

We wish to express our sincere gratitude to all who contributed to this project. We would particularly like to thank all instructors from the textbook development committee. Without their dedication and effort, this textbook would not have been possible. Also, we would like to thank the following instructors for their help in piloting materials and making suggestions during the Winter session 2012: Shin Kyungsun, Hyun Haemi, Lee Hyuneui, Lee Soyoung, Suh Kyungsook, Kim Jongho, Lee Sumi, Lee Seulbi. In addition, we would like to thank Lim Chaeheon and Yoon Mina for their audio recordings. Finally, we would like to extend our gratitude to the CEO of TWOPONDS, Director Do Hyunjeong, Editorial Manager Park Hyungman, Mr. Yang Seungju, Ms. Kim Jiyeon and all other editorial staff members for their generous support in having this volume published.

May 2013

Jeong Sangjun
Executive Director
Language Education Institute, Seoul National University

일러두기 How to use this book

서울대 한국어 2B Student's Book은 10~18과로 구성되어 있다. 각 과는 '어휘, 문법과 표현 1 · 2, 말하기 1 · 2, 듣고 말하기, 읽고 쓰기, 과제, 문화 산책, 발음, 자기 평가'로 이루어져 있으며 한 과는 8시간 수업용으로 구성되었다. 세부 내용은 다음과 같다.

The Seoul National University Korean 2B Student's Book is comprised of 9 units. Each unit spans 8 hours of instruction divided into sections entitled and emphasizing: Vocabulary, Grammar and Expression 1 and 2, Speaking 1 and 2, Listening and Speaking, Reading and Writing, Task, Culture Note, Pronunciation, and Self-Check. A detailed explanation follows.

과의 주제와 관련된 상황을 사진으로 제시하여 학습 내용을 추측할 수 있도록 한다.

Photographs illustrating the unit topics allow students to visually orient themselves toward the learning content.

학습 목표 Learning Goals

영역별 학습 목표와 내용을 제시한다.

Learning Goals present the content and objectives of each unit by section.

일러두기 How to use this book

어 휘 Vocabulary

1. 여러분은 지금 어떤 집에 살고 있습니까?
What kind of place are you living in now?

기숙사 / 아파트 / 주택 / 빌라 / 원룸 / 오피스텔

92 · 서울대 한국어

2. 그림을 보고 빈칸에 알맞은 단어를 골라 쓰세요.
Choose the correct word from the box and fill in each blank in the picture.

방 거실 부엌 화장실 베란다 현관

• 어휘 Vocabulary

주제 어휘를 범주별로 모아 의미를 유추할 수 있는 그림이나 문제와 함께 제시한다.

The Vocabulary section introduces key lexical items by category accompanied by analogic pictures.

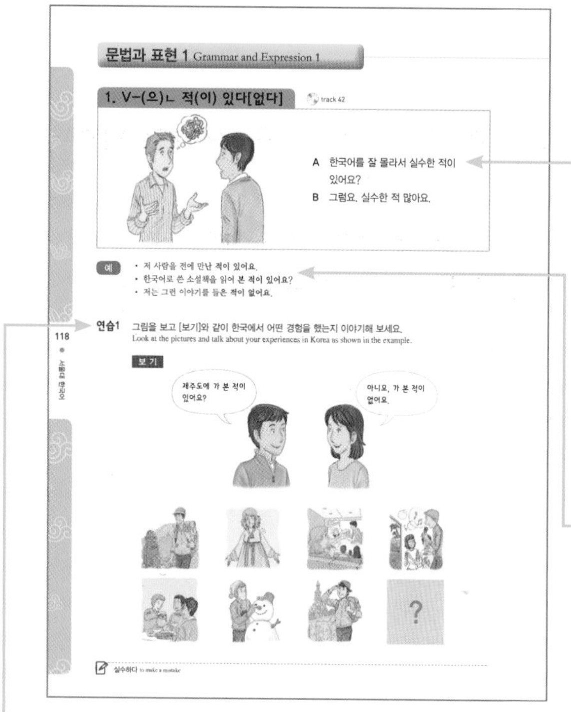

문법과 표현 1 Grammar and Expression 1

1. V-(으)ㄴ 적(이) 있다[없다] track 42

A 한국어를 잘 몰라서 실수한 적이 있어요?
B 그럼요. 실수한 적 많아요.

예
- 저 사람을 전에 만난 적이 있어요.
- 한국어로 쓴 소설책을 읽어 본 적이 있어요?
- 저는 그런 이야기를 들은 적이 없어요.

연습1 그림을 보고 [보기]와 같이 한국에서 어떤 경험을 했는지 이야기해 보세요.
Look at the pictures and talk about your experiences in Korea as shown in the example.

118 · 서울대 한국어

보기

실수하다 to make a mistake

• 문법과 표현 Grammar and Expression

예시 대화, 예문, 유의미한 연습으로 구성된다.

The Grammar and Expression section offers key dialogues, example sentences, and meaningful exercises.

예시 대화

목표 문법이 사용되는 전형적인 대화를 삽화와 함께 제시한다.

Target grammar is presented with model dialogues accompanied by illustrations.

예문

목표 문법의 의미를 이해하고 형태 변화를 알 수 있도록 예문을 제시한다.

Example sentences model the meanings and form changes of target grammar items.

연습1

워크북의 통제 연습 이후 유의미한 연습을 통해 문법 사용 능력으로 연계되도록 한다.

Exercise 1 offers relevant exercises connected to controlled practice provided in the workbook, and develops students' ability to correctly use the target grammar.

• 말하기 Speaking

대화문, 교체 연습, 담화 연습으로 구성된다.

The Speaking section presents example dialogues, substitution dialogues, and discourse extension practice.

대화문

주제 어휘와 목표 문법을 포함한 대화문으로 의사소통 기능을 학습하도록 한다.

Dialogues include key vocabulary items and target grammar to build communicative skill.

연습1

어휘와 표현을 교체하면서 대화문을 익히는 연습을 하도록 한다.

Exercise 1 presents opportunity to practice new dialogues through the substitution of vocabulary and expressions.

연습2

대화문을 바탕으로 하여 구어 담화를 구성하는 연습을 하도록 한다.

Exercise 2 presents opportunity to create a new original dialogues based on the model dialogues.

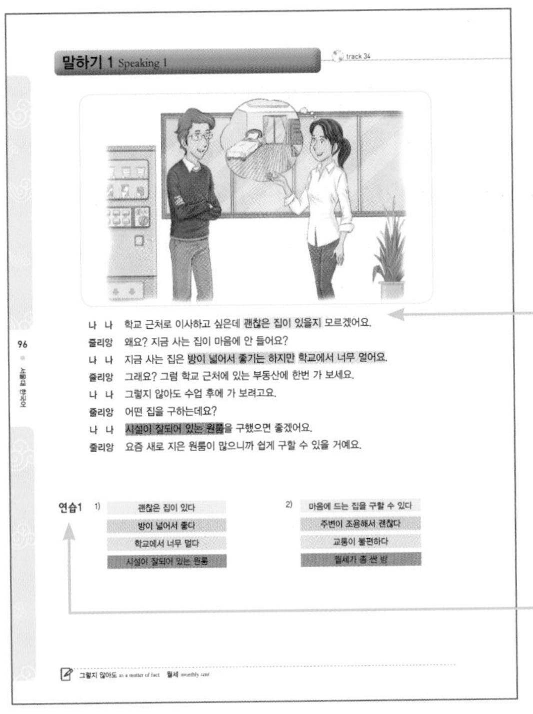

말하기 1 Speaking 1

track 34

나 나 학교 근처로 이사하고 싶은데 괜찮은 집이 있을지 모르겠어요.
줄리앙 왜요? 지금 사는 집이 마음에 안 들어요?
나 나 지금 사는 집은 방이 넓어서 좋기는 하지만 학교에서 너무 멀어요.
줄리앙 그래요? 그럼 학교 근처에 있는 부동산에 한번 가 보세요.
나 나 그렇지 않아도 수업 후에 가 보려고요.
줄리앙 어떤 집을 구하는데요?
나 나 시설이 잘되어 있는 원룸을 구했으면 좋겠어요.
줄리앙 요즘 새로 지은 원룸이 많으니까 쉽게 구할 수 있을 거예요.

연습1
1) 괜찮은 집이 있다 / 방이 넓어서 좋다 / 학교에서 너무 멀다 / 시설이 잘되어 있는 원룸
2) 마음에 드는 집을 구할 수 있다 / 주변이 조용해서 괜찮다 / 교통이 불편하다 / 월세가 좀 싼 방

그렇지 않아도 as a matter of fact 월세 monthly rent

96

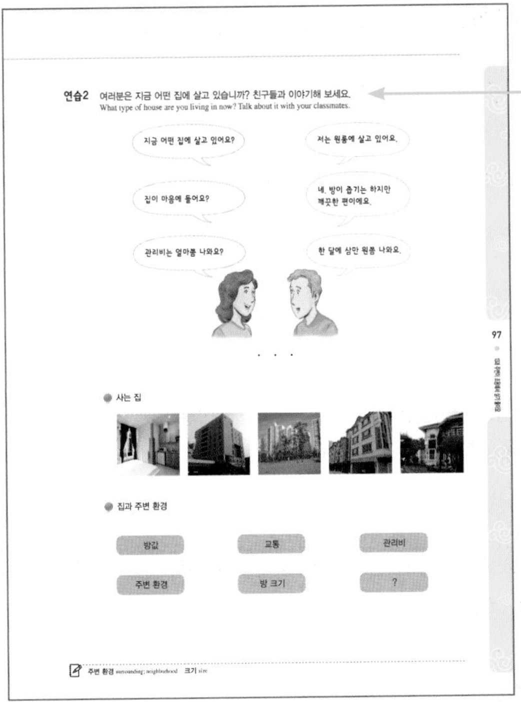

연습2 여러분은 지금 어떤 집에 살고 있습니까? 친구들과 이야기해 보세요.
What type of house are you living in now? Talk about it with your classmates.

. . .

● 사는 집

● 집과 주변 환경

방값 / 교통 / 관리비
주변 환경 / 방 크기 / ?

주변 환경 surrounding; neighborhood 크기 size

97

일러두기 How to use this book

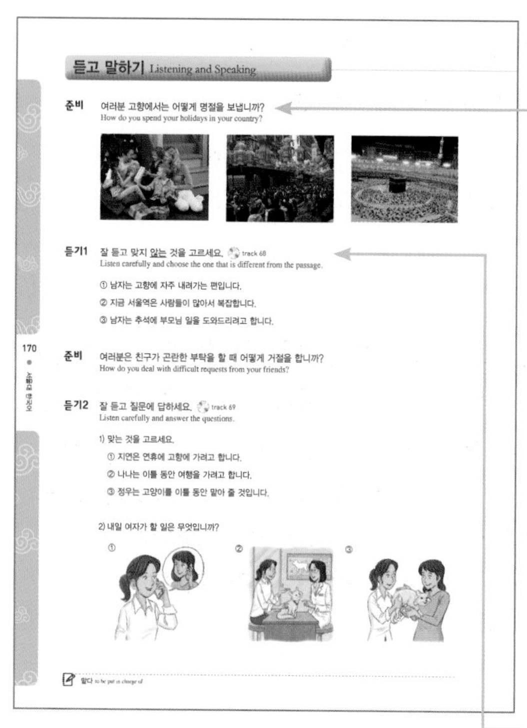

듣고 말하기 Listening and Speaking

준비 여러분 고향에서는 어떻게 명절을 보냅니까?
How do you spend your holidays in your country?

듣기1 잘 듣고 맞지 않는 것을 고르세요. track 68
Listen carefully and choose the one that is different from the passage.

① 남자는 고향에 자주 내려가는 편입니다.
② 지금 서울역은 사람들이 많아서 복잡합니다.
③ 남자는 추석에 부모님 일을 도와드리려고 합니다.

170

준비 여러분은 친구가 곤란한 부탁을 할 때 어떻게 거절을 합니까?
How do you deal with difficult requests from your friends?

듣기2 잘 듣고 질문에 답하세요. track 69
Listen carefully and answer the questions.

1) 맞는 것을 고르세요.
① 지연은 연휴에 고향에 가려고 합니다.
② 나나는 이틀 동안 여행을 가려고 합니다.
③ 정우는 고양이를 이틀 동안 맡아 줄 것입니다.

2) 내일 여자가 할 일은 무엇입니까?
① ② ③

맡다 to be put in charge of

• 듣고 말하기 Listening and Speaking

'준비', '듣기 1 · 2', '말하기'로 구성된다.

The Listening and Speaking section offers Preparation, Listening 1, 2, and Speaking activities.

준비

듣기 전 단계로, 내용을 예측할 수 있는 질문, 어휘나 표현 등을 점검할 수 있는 삽화나 사진을 제시한다.

The Preparation section offers a pre-listening that previews the content of the listening passage providing schema activation, and utilizes illustrations or photographs to supplement vocabulary and expressions.

듣기

듣기 단계로, 들은 내용에 대한 확인 문제를 제시한다.

The Listening section presents a task with a comprehension check.

말하기 한 사람은 부탁하고 다른 한 사람은 그 부탁을 들어주거나 거절해 보세요.
Take the role of a person who asks a favor or a person who turns down a request, and practice the dialogues.

오늘 시간 있으면 한국어 발표 준비 좀 도와줄 수 있어?
오늘은 시간이 없는데 내일 해도 괜찮아?
내일도 좋아. 내가 내일 발표 원고를 가져올 테니까 한번 봐 줘. 내일 점심은 내가 살게.
아니야, 괜찮아. 그럼 내일 보자.

171

• 부탁할 때 When asking for a favor
부탁 하나만 해도 돼요?
이것 좀 도와주시겠어요?
저, 부탁할 게 좀 있는데요.

• 거절할 때 When turning down a request
미안해요. 제가 시간이 좀 없어서요.
어떡하죠? 다음에 도와드리면 안 될까요?
죄송하지만 제가 다른 일이 있어서 안 될 것 같아요.

원고 script

말하기

들은 후 단계로, 듣기의 주제 및 기능과 연계된 담화를 구성하도록 한다.

The Speaking section offers a follow-up task through which to construct conversations related to the theme and function of the listening task.

• 읽고 쓰기 Reading and Writing

'준비', '읽기', '쓰기'로 구성된다.

The Reading and Writing section provides Preparation, Reading, and Writing task.

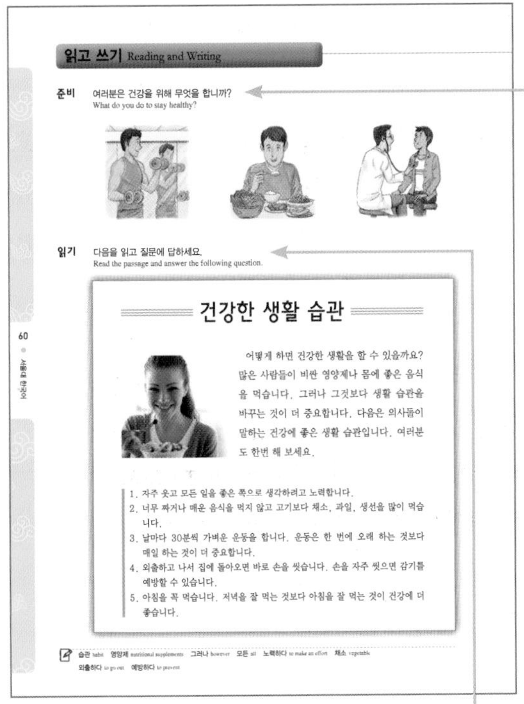

읽고 쓰기 Reading and Writing

준비 여러분은 건강을 위해 무엇을 합니까?
What do you do to stay healthy?

읽기 다음을 읽고 질문에 답하세요.
Read the passage and answer the following question.

건강한 생활 습관

어떻게 하면 건강한 생활을 할 수 있을까요? 많은 사람들이 비싼 영양제나 몸에 좋은 음식을 먹습니다. 그러나 그것보다 생활 습관을 바꾸는 것이 더 중요합니다. 다음은 의사들이 말하는 건강에 좋은 생활 습관입니다. 여러분도 한번 해 보세요.

1. 자주 웃고 모든 일을 좋은 쪽으로 생각하려고 노력합니다.
2. 너무 짜거나 매운 음식을 먹지 않고 고기보다 채소, 과일, 생선을 많이 먹습니다.
3. 날마다 30분씩 가벼운 운동을 합니다. 운동은 한 번에 오래 하는 것보다 매일 하는 것이 더 중요합니다.
4. 외출하고 나서 집에 돌아오면 바로 손을 씻습니다. 손을 자주 씻으면 감기를 예방할 수 있습니다.
5. 아침을 꼭 먹습니다. 저녁을 잘 먹는 것보다 아침을 잘 먹는 것이 건강에 더 좋습니다.

습관 habit 영양제 nutritional supplements 그러나 however 모든 all 노력하다 to make an effort 채소 vegetable 외출하다 to go out 예방하다 to prevent

60 서울대 한국어

준비

읽기 전 단계로, 읽을 내용을 예측할 수 있는 질문, 어휘나 표현 등을 점검할 수 있는 삽화나 사진 등을 제시한다.

The Preparation section offers a pre-reading that previews the content of the reading passage providing schema activation, and utilizes illustrations or photographs to supplement vocabulary and expressions.

읽기

읽기 단계로, 학습자의 수준에 맞는 실제적이고 다양한 종류의 글을 읽은 내용에 대한 확인 문제와 함께 제시한다.

The Reading section presents practical and learner-level matched texts with a comprehension check.

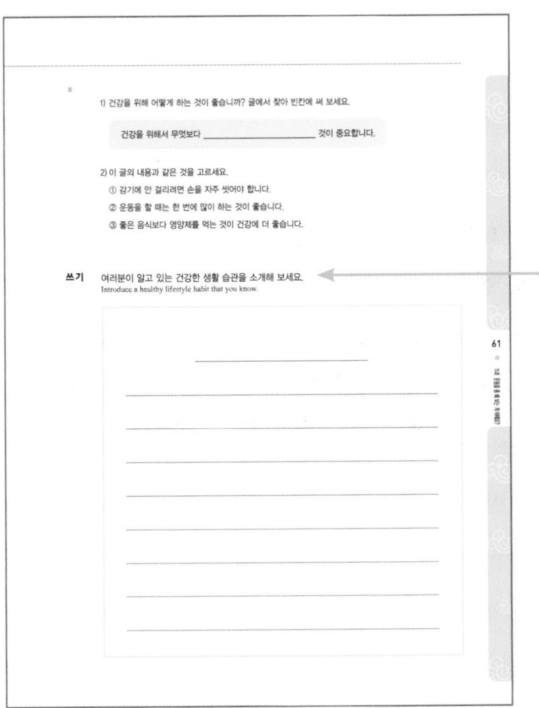

1) 건강을 위해 어떻게 하는 것이 좋습니까? 글에서 찾아 빈칸에 써 보세요.

건강을 위해서 무엇보다 ____________ 것이 중요합니다.

2) 이 글의 내용과 같은 것을 고르세요.

① 감기에 안 걸리려면 손을 자주 씻어야 합니다.
② 운동을 할 때는 한 번에 많이 하는 것이 좋습니다.
③ 좋은 음식보다 영양제를 먹는 것이 건강에 더 좋습니다.

쓰기 여러분이 알고 있는 건강한 생활 습관을 소개해 보세요.
Introduce a healthy lifestyle habit that you know.

61

쓰기

쓰기와 통합한 읽은 후 단계로, 읽기 텍스트와 유사한 종류의 글쓰기 활동이 이루어지도록 한다.

The Writing section, as a follow-up task, uses the reading text as a model for writing to produce a similar text.

일러두기 How to use this book

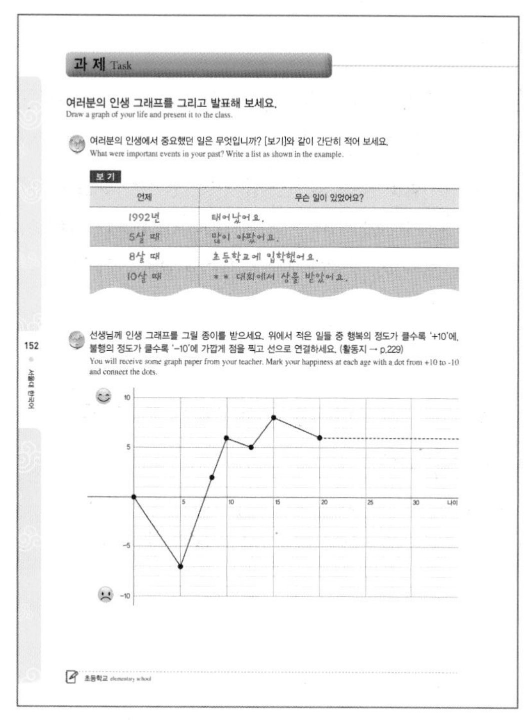

과 제 Task

여러분의 인생 그래프를 그리고 발표해 보세요.
Draw a graph of your life and present it to the class.

여러분의 인생에서 중요했던 일은 무엇입니까? [보기]와 같이 간단히 적어 보세요.
What were important events in your past? Write a list as shown in the example.

보기

언제	무슨 일이 있었어요?
1992년	태어났어요.
5살 때	많이 아팠어요.
8살 때	초등학교에 입학했어요.
10살 때	＊＊ 대회에서 상을 받았어요.

선생님께 인생 그래프를 그릴 종이를 받으세요. 위에서 적은 일들 중 행복의 정도가 클수록 '+10'에, 불행의 정도가 클수록 '−10'에 가깝게 점을 찍고 선으로 연결하세요. (활동지 → p.229)
You will receive some graph paper from your teacher. Mark your happiness at each age with a dot from +10 to -10 and connect the dots.

152 서울대 한국어

• 과제 Task

3~4 단계에 걸친 단계적 활동으로 구성된다. 과제 수행 중의 상호작용을 통해 어휘와 문법을 활성화하고 언어 사용의 유창성을 높이도록 한다.

The Task section is composed of 3 or 4 step-by-step activities, providing opportunity to communicate using vocabulary and grammar learned in the unit, and helps build fluency.

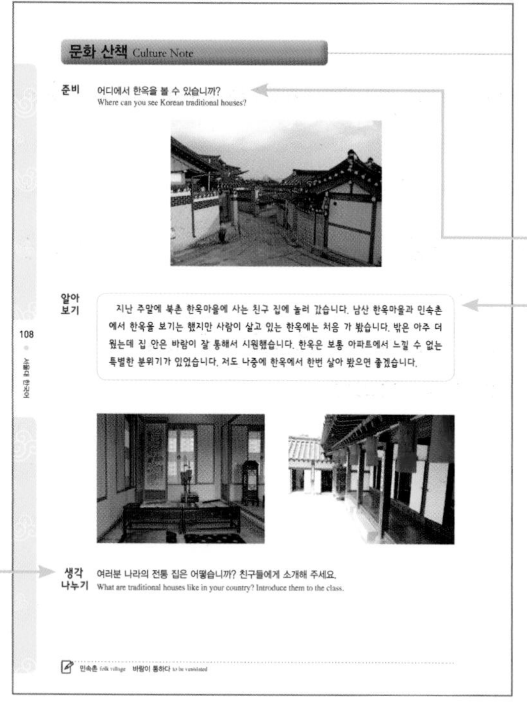

문화 산책 Culture Note

준비 어디에서 한옥을 볼 수 있습니까?
Where can you see Korean traditional houses?

알아보기 지난 주말에 북촌 한옥마을에 사는 친구 집에 놀러 갔습니다. 남산 한옥마을과 민속촌에서 한옥을 보기는 했지만 사람이 살고 있는 한옥에는 처음 가 봤습니다. 밖은 아주 더웠는데 집 안은 바람이 잘 통해서 시원했습니다. 한옥은 보통 아파트에서 느낄 수 없는 특별한 분위기가 있었습니다. 저도 나중에 한옥에서 한번 살아 봤으면 좋겠습니다.

생각 나누기 여러분 나라의 전통 집은 어떻습니까? 친구들에게 소개해 주세요.
What are traditional houses like in your country? Introduce them to the class.

민속촌 folk village 바람이 통하다 to be ventilated

108 서울대 한국어

• 문화 산책 Culture Note

'준비', '알아보기', '생각 나누기'로 구성된다.
The Culture Note section offers Preparation, Presentation, and Idea Sharing.

준비

문화 항목의 내용과 관련된 질문이나 삽화, 사진 등을 제시한다.
The Preparation section presents questions, illustrations, or photographs related to cultural content.

알아보기

과의 주제와 관련 있는 한국 문화 내용을 그림, 간단한 설명 등으로 제시한다.
The Presentation section presents Korean cultural content related to the topic of the unit, illustrated, and with a short note.

생각 나누기

한국 문화와 학습자 모국의 문화를 문화 상호주의적 관점에서 비교해 보도록 한다.
The Idea Sharing section provides opportunity to make intercultural comparisons of Korean culture.

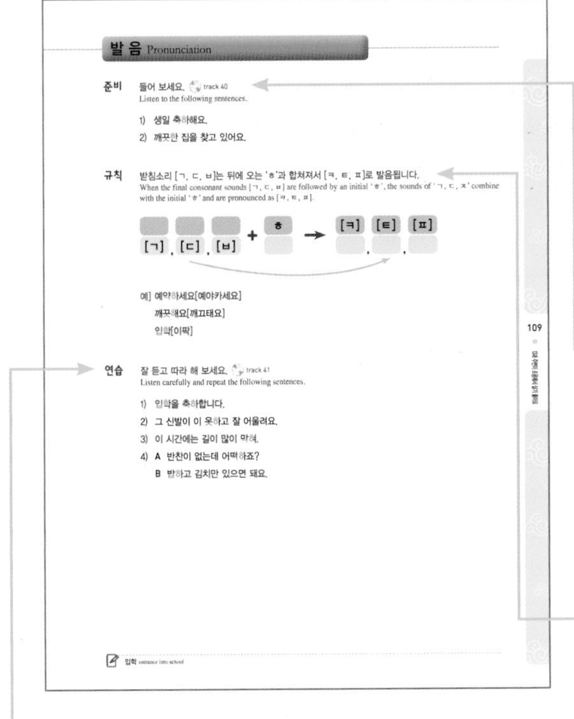

발 음 Pronunciation

준비 들어 보세요. track 40
Listen to the following sentences.

1) 생일 축하해요.
2) 깨끗한 집을 찾고 있어요.

규칙 받침소리 [ㄱ, ㄷ, ㅂ]는 뒤에 오는 'ㅎ'과 합쳐져서 [ㅋ, ㅌ, ㅍ]로 발음됩니다.
When the final consonant sounds [ㄱ, ㄷ, ㅂ] are followed by an initial 'ㅎ', the sounds of 'ㄱ, ㄷ, ㅈ' combine with the initial 'ㅎ' and are pronounced as [ㅋ, ㅌ, ㅍ].

[ㄱ], [ㄷ], [ㅂ] + ㅎ → [ㅋ], [ㅌ], [ㅍ]

예] 예약하세요[예야카세요]
깨끗해요[깨끄태요]
입학[이팍]

연습 잘 듣고 따라 해 보세요. track 41
Listen carefully and repeat the following sentences.

1) 입학을 축하합니다.
2) 그 신발이 이 옷하고 잘 어울려요.
3) 이 시간에는 길이 많이 막혀.
4) A 반찬이 없는데 어떡하죠?
B 밥하고 김치만 있으면 돼요.

109

• 발음 Pronunciation

'준비', '규칙', '연습'으로 구성된다. 과의 어휘나 문법과 관련 있는 음운 현상을 연습하도록 한다.

The Pronunciation section offers a Warm-up, Rule Presentation, and Practice of the phonological rules related to specific vocabulary and grammar forms taught in each unit.

준비

목표 발음이 포함된 어구나 문장을 들어 보고 학습할 내용을 인지하도록 한다.

The Preparation section presents opportunity to listen to phrases or sentences that include target pronunciation.

규칙

발음 규칙을 도식화하여 제공한다.

The Rules section presents pronunciation rules clearly and diagrammatically.

연습

규칙을 내재화하기 위해 듣고 따라하는 연습을 하도록 한다.

The Practice section offers opportunity to listen and repeat sentences to internalize pronunciation rules.

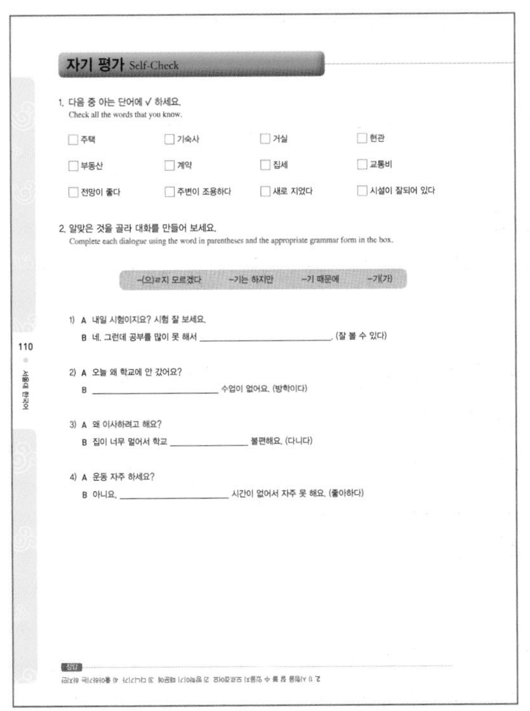

자기 평가 Self-Check

1. 다음 중 아는 단어에 ✓ 하세요.
Check all the words that you know.

□ 주택 □ 기숙사 □ 거실 □ 현관
□ 부동산 □ 계약 □ 집세 □ 교통비
□ 전망이 좋다 □ 주변이 조용하다 □ 새로 지었다 □ 시설이 잘되어 있다

2. 알맞은 것을 골라 대화를 만들어 보세요.
Complete each dialogue using the word in parentheses and the appropriate grammar form in the box.

-(으)ㄹ지 모르겠다 -기는 하지만 -기 때문에 -기(가)

1) A 내일 시험이지요? 시험 잘 보세요.
B 네. 그런데 공부를 많이 못 해서 ________. (잘 볼 수 있다)

2) A 오늘 왜 학교에 안 갔어요?
B ________ 수업이 없어요. (방학이다)

3) A 왜 이사하려고 해요?
B 집이 너무 멀어서 학교 ________ 불편해요. (다니다)

4) A 운동 자주 하세요?
B 아니요. ________ 시간이 없어서 자주 못 해요. (좋아하다)

110

• 자기 평가 Self-Check

어휘와 문법을 중심으로 학습자 스스로 학습 정도를 점검하도록 한다.

The Self-Check section ends each unit with a review of grammar and vocabulary.

• 부록 Appendix

'활동지', '문법 해설', '문화 해설', '듣기 지문', '모범 답안', '어휘 색인'으로 구성된다.

The Appendix includes Activity Sheets, Grammar Extension, Culture Extension, Listening Scripts, Answer Key, and Glossary.

활동지

연습이나 과제 활동 등에 필요한 활동지를 제공한다.

Activity sheets for exercises or tasks are provided.

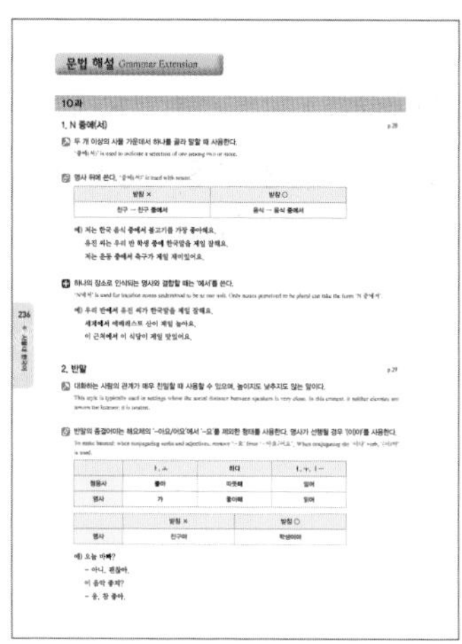

문법 해설

'문법과 표현'에서 학습한 문법에 대한 해설을 제공한다. 의미 정보, 결합 정보, 형태 교체를 보여 주는 예문 및 사용상 유의점을 정리하여 학습자의 문법에 대한 이해를 돕고 오류 생성을 줄일 수 있도록 한다.

The Grammar Extension section provides in-depth descriptions of grammar learned from the 'Grammar and Expression' section in each unit, promoting grammar comprehension and reducing errors by providing information on meanings and conjugations with example sentences and grammar notes.

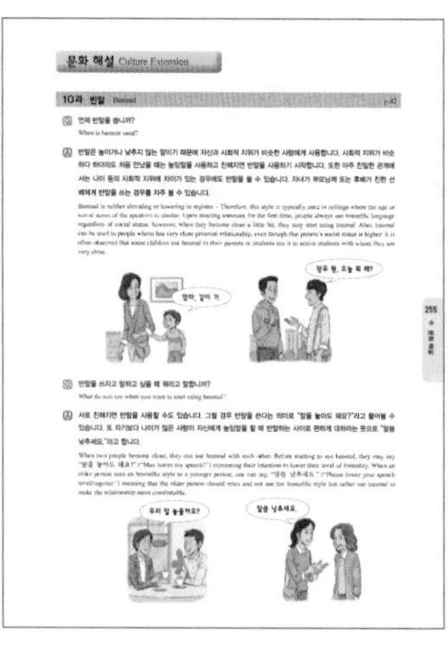

문화 해설

'문화 산책'에서 제시한 문화 내용에 대한 학습자의 이해를 돕기 위해 질의응답 형식의 해설을 제공한다.

The Q & A section adds in-depth cultural information to that presented in the 'Culture Note'.

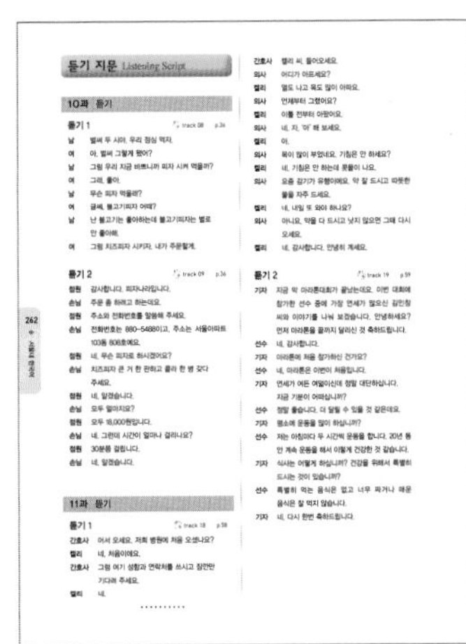

듣기 지문

'듣고 말하기'의 듣기 지문을 제공한다.

Transcriptions for listening passages in 'Listening and Speaking' are provided.

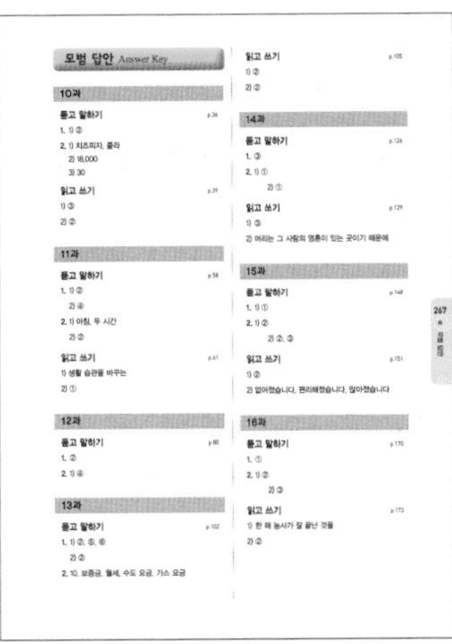

모범 답안

'듣고 말하기', '읽고 쓰기'의 문제에 대한 답을 제공한다.

Answer key for comprehension checks in 'Listening and Speaking' and 'Reading and Writing' are provided.

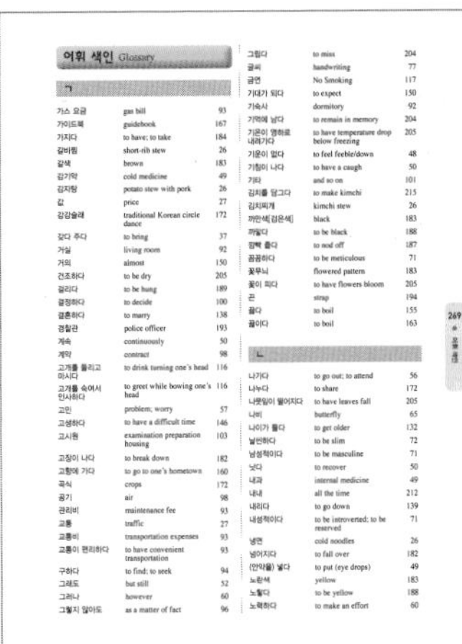

어휘 색인

교재에 나오는 모든 어휘를 출현한 페이지와 함께 제시한다.

A list is provided of all the vocabulary in the textbook, with page number.

일러두기 How to use this book

- CD-ROM

'어휘', '문법과 표현'의 예문 및 연습 문제, '말하기 1 · 2'의 대화문, 듣기 지문, 읽기 텍스트, 오디오 파일, 사진 및 동영상 등의 보조 자료, 교사용 과제 도움말 등을 제공한다.

The CD-ROM furnishes example sentences and exercises for the Vocabulary and Grammar and Expression sections, dialogues for the Speaking 1 and 2 sections, as well as transcripts, reading texts, audio files, supplementary materials such as photographs and movie clips, and helpful tips for instructors.

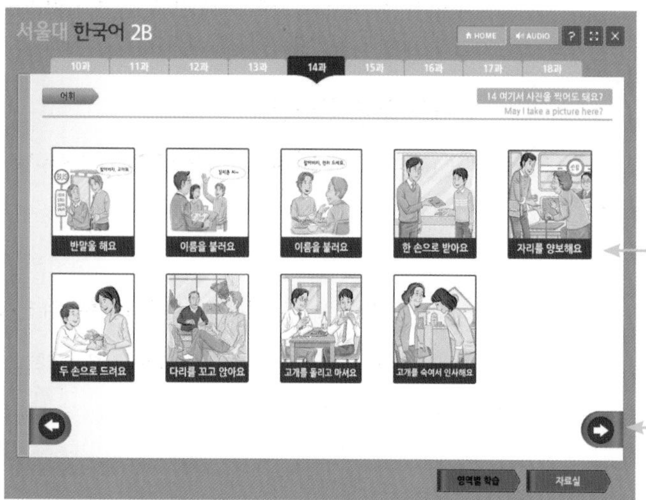

주제 어휘를 오디오 파일과 함께 확인할 수 있다.

The Vocabulary section provides opportunity to check key lexical items with audio files.

줄긋기, 메모리 게임 등의 활동을 통해 어휘를 학습할 수 있다.

Vocabulary can be practiced through activities such as matching or memory games.

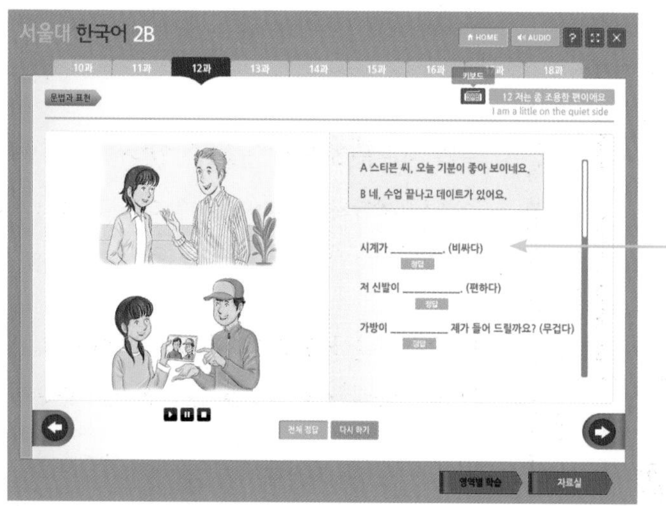

'문법과 표현'의 주요 내용을 학습할 수 있다.

The Grammar and Expression section presents core information on those items.

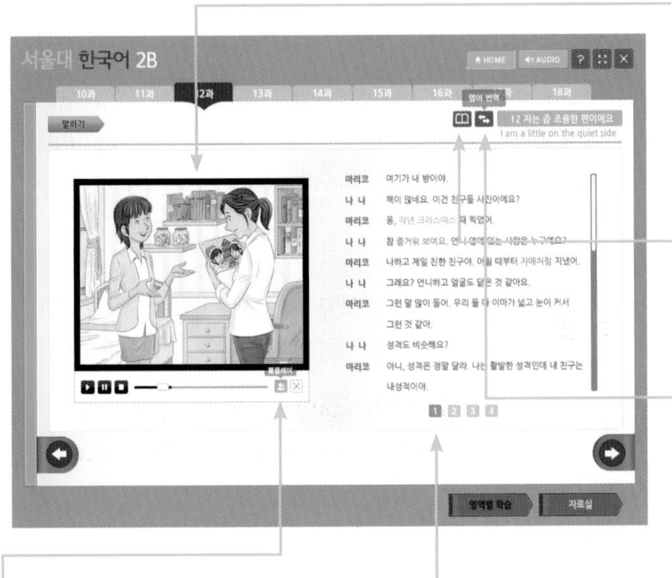

애니메이션으로 구현된 말하기 대화를 들을 수 있다.
The Speaking section provides animated dialogues.

'말하기' 대화문을 볼 수 있다.
This section provides texts for dialogues.

영어 번역을 확인할 수 있다.
This function offers English translations.

'말하기' 연습 1의 교체된 대화문을 볼 수 있다.
This function shows substituted dialogues for Exercise 1.

'말하기' 대화를 역할극으로 할 수 있다.
This function allows for role-plays.

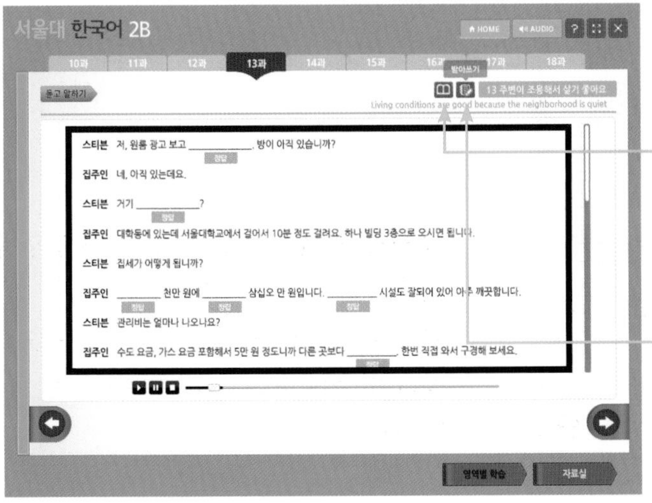

듣기 지문을 보면서 들을 수 있다.
The Listening section provides transcripts and audio files.

들으면서 받아쓰기 연습을 할 수 있다.
This function offers dictation exercises.

일러두기 How to use this book

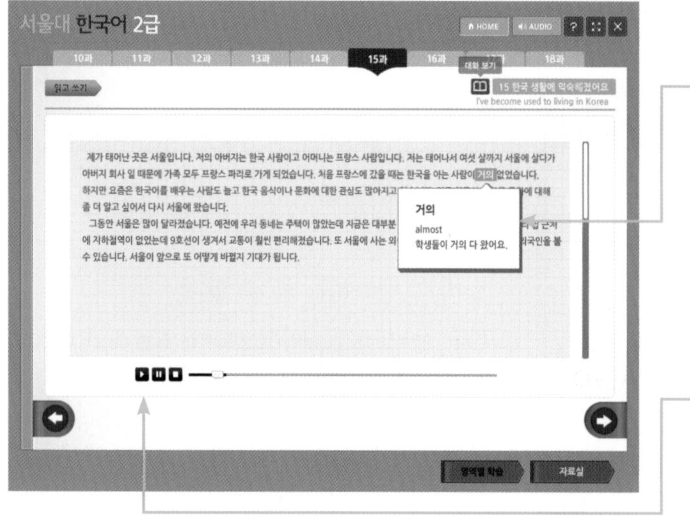

새 단어의 뜻과 예문을 확인할 수 있다.
The pop-up assistant offers definitions of new vocabulary with example sentences when a word is highlighted.

읽기 텍스트의 내용을 들어 볼 수 있다.
This function allows the text to be heard.

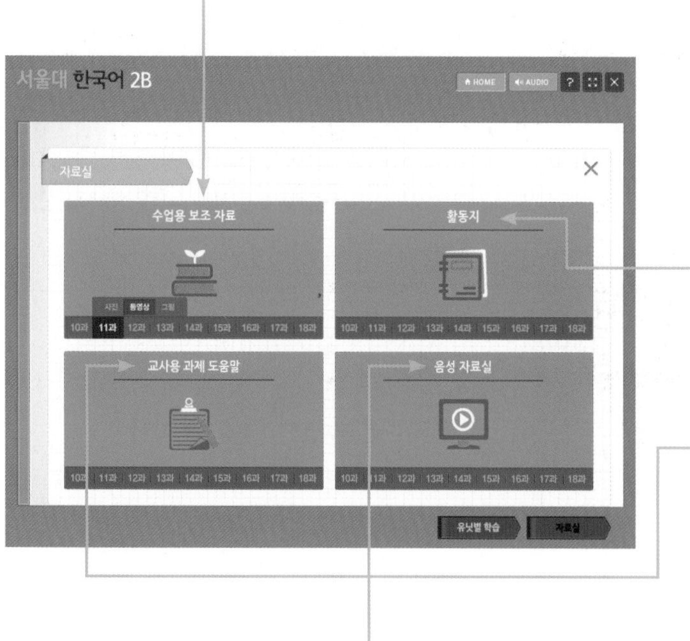

사진, 동영상 등의 수업용 보조 자료를 제공한다.
The Reference Room provides supplementary materials such as photographs and video clips.

과제용 활동지를 제공한다.
Activity Sheets are provided for the Task section.

과제 운영을 위한 교사용 도움말을 제공한다.
Helpful tips for the Task section are provided for instructors.

오디오 파일을 모두 mp3 파일로 제공한다.
Mp3 audio files are provided.

차례 Contents

교재 구성표 Scope and Sequence

단원 Unit	말하기 Speaking	듣고 말하기 Listening and Speaking	읽고 쓰기 Reading and Writing
10과 **뭐 먹을래?** What would you like to eat?	• 식당 추천하기 Recommending a restaurant • 메뉴 추천하기 Recommending a menu	• 메뉴 정하는 대화 듣기 Listening to a conversation about choosing a menu item • 전화로 음식 주문하는 대화 듣기 Listening to a conversation about ordering food on the phone • 음식 주문하는 역할극하기 Role-play: ordering food	• 식당 소개하는 글 읽기 Reading a passage about a restauran review • 식당 소개하는 글 쓰기 Writing a restaurant review
11과 **운동을 좀 해 보는 게 어때요?** Why don't you exercise?	• 증상 설명하기 Explaining symptoms • 권유하기 Recommending	• 의사와 환자 대화 듣기 Listening to a conversation between a doctor and a patient • 건강 비결 인터뷰 듣기 Listening to an interview about health secrets • 건강 비결 인터뷰하기 Interviewing someone about health secrets	• 건강한 생활 습관에 대한 글 읽 Reading a passage about healthy lifestyles • 건강한 생활 습관에 대한 글 쓰 Writing a passage about healthy lifestyles
12과 **저는 좀 조용한 편이에요** I am a little on the quiet side	• 외모 묘사하기 Describing appearances • 성격 표현하기 Expressing personalities	• 머리 모양에 대한 대화 듣기 Listening to a conversation about hairstyle • 미용실에서 머리 모양 설명하는 대화 듣기 Listening to a conversation about requesting hairstyle in a hair salon • 미용실에서 원하는 머리 모양 요청하기 Requesting hairstyle in a hair salon	• 성격 테스트 문항 읽기 Reading personality tests • 자신의 성격에 대해 쓰기 Writing about one's personality
13과 **주변이 조용해서 살기 좋아요** Living conditions are good because the neighborhood is quiet	• 주거 조건 설명하기 Explaining living conditions • 집 구하기 Finding a place to live	• 주거 환경에 대한 대화 듣기 Listening to a conversation about living conditions • 임대 조건에 대한 전화 대화 듣기 Listening to a telephone conversation about the terms of a rental • 집에 대해 문의하기 Inquiring about a place to live	• 지금 사는 집에 대한 글 읽기 Reading a passage about the place y now live • 지금 사는 집에 대한 글 쓰기 Writing a passage about the place yo now live
14과 **여기서 사진을 찍어도 돼요?** May I take a picture here?	• 실수한 경험 말하기 Talking about mistakes in the past • 예절 설명하기 Explaining etiquette	• 공연장 안내 방송 듣기 Listening to an announcement in a concert hall • 기숙사 규칙에 대한 대화 듣기 Listening to a conversation about rules in the dormitory • 공중도덕에 대해 말하기 Talking about public etiquette	• 문화 차이에 대한 글 읽기 Reading a passage about cultural differences • 문화 차이에 대한 글 쓰기 Writing a passage about cultural differences

과제 Task	어휘 Vocabulary	문법과 표현 Grammar and Expression	발음 Pronunciation	문화 산책 Culture Note
• 전화로 음식 주문하기 Ordering food on the phone	• 음식 Food • 맛 Taste • 식당 평가 Restaurant review	• N 중에(서) • 반말 • V-(으)ㄹ래요 • A-(으)ㄴ데, V-는데, N인데 2	• 의문문의 억양 Intonation of questions	• 반말 Banmal
• 의사와 환자 역할극하기 Role-play: doctor and patient	• 증상 Symptom • 병원 Hospital • 약 Medication	• 'ㅅ' 불규칙 • N마다 • V-는 게 어때요? • V-기로 하다	• 종성 규칙 후 연음 Liaison Rule	• 인삼 Korean ginseng
• 인물의 외모와 성격 묘사하기 Describing appearances and personalities	• 외모 Appearance • 성격 Personality	• A-아/어 보이다 • N처럼[같이] • A-(으)ㄴ 편이다, V-는 편이다 • A-게	• 받침 'ㄻ' Final consonants 'ㄻ'	• 붕어빵 Fish-shaped bread
• 조건에 맞는 룸메이트 찾기 Finding the perfect roommate	• 주거 Living • 생활비 Living expenses	• A/V-(으)ㄹ지 모르겠다 • A/V-기는 하지만 • A/V-기 때문에, N(이)기 때문에 • V-기(가) A	• 유기음화 2 Aspiration 2	• 한옥 Traditional Korean-style houses
• 경험 발표하기 Presenting interesting experiences	• 예절 Etiquette • 공중도덕 Public etiquette	• V-(으)ㄴ 적(이) 있다[없다] • A/V-았을/었을 때 • V-아도/어도 되다 • V-(으)면 안 되다	• 경음화 3 Glottalization 3	• 경로 우대 Respect for senior citizens

교재 구성표 Scope and Sequence

단원 Unit	말하기 Speaking	듣고 말하기 Listening and Speaking	읽고 쓰기 Reading and Writing
15과 **한국 생활에 익숙해졌어요** I've become used to living in Korea	• 안부 묻고 근황 말하기 Catching up on each other's lives • 변화 설명하기 Expressing changes	• 장래 희망에 대한 대화 듣기 Listening to a conversation about one's dream • 은퇴 후 계획에 대한 인터뷰 듣기 Listening to an interview about plans after retirement • 자신의 꿈에 대해 말하기 Talking about one's dream	• 서울의 변화에 대한 글 읽기 Reading about changes in Seoul • 고향의 변화에 대한 글 쓰기 Writing about changes in your hometown
16과 **설날에는 밥 대신 떡국을 먹어요** We eat tteokguk instead of rice on New Year's Day	• 명절 소개하기 Introducing a traditional holiday • 부탁하기 Asking for a favor	• 명절에 대한 라디오 뉴스 듣기 Listening to the radio news about a holiday • 부탁하는 대화 듣기 Listening to a conversation about asking for a favor • 부탁하기와 거절하기 Asking for a favor and turning down a request	• 명절에 대한 글 읽기 Reading about a holiday • 명절에 대한 글 쓰기 Writing about a holiday
17과 **비행기를 놓칠 뻔했어요** I almost missed the flight	• 문제 상황 설명하기 Explaining problems • 분실물 설명하기 Explaining about lost items	• 분실물 안내 방송 듣기 Listening to an announcement about lost items • 문제 상황에 대한 대화 듣기 Listening to a conversation about problems • 문제 상황 묘사하기 Describing your problems	• 분실물 찾는 광고 읽기 Reading a lost-and-found poster • 분실물 찾는 광고 만들기 Creating a lost-and-found poster
18과 **한국에 온 지 벌써 6개월이 되었어요** It's been already six months since I came to Korea	• 한국 생활 감회 표현하기 Expressing reflections about living in Korea • 계절의 변화에 대해 서술하기 Narrating the changes of seasons	• 계절의 변화에 대한 라디오 방송 듣기 Listening to radio broadcasts about the changes of seasons • 한국 생활에 대한 라디오 사연 듣기 Listening to radio broadcasts on letters about life in Korea • 기억에 남는 일 말하기 Talking about memorable events	• 기억에 남는 사람에 대한 글 읽기 Reading about memorable people • 기억에 남는 사람에 대한 글 쓰기 Writing about memorable people

과제 Task	어휘 Vocabulary	문법과 표현 Grammar and Expression	발음 Pronunciation	문화 산책 Culture Note
• 인생 그래프 발표하기 Presenting graph of life	• 인생 Life • 변화 Change	• A-아지다/어지다 • V-게 되다 • V-기 전에 • V-(으)ㄴ 후에	• 'ㅎ' 탈락 Silent 'ㅎ'	• 서울의 변화 Changes in Seoul
• 윷놀이하기 Playing Yut	• 명절 Traditional holidays • 집안일 Housework	• V-아/어 놓다 • N 대신 • V-(으)ㄹ까 하다 • A/V-(으)ㄹ 테니까	• 유음화 1 Lateralization 1	• 강강술래 Traditional Korean circle dance
• 그림 보고 상황 설명하기 Creating a story using pictures	• 사고 Accident • 색과 무늬 Colors and patterns	• V-아다/어다 주다 • V-(으)ㄹ 뻔하다 • 'ㅎ' 불규칙 • V-아/어 있다	• 유음화 2 Lateralization 2	• 색동 Multicolored sleeve fabric for Korean traditional tops
• 한국 생활 잘하는 방법 발표하기 Making presentations on how to enjoy life in Korea	• 감정 Emotions • 계절의 변화 Changes of seasons	• V-(으)ㄴ 지 • N(이)나 2 • A-다, V-ㄴ다/는다, N(이)다	• 종합 연습 Review Exercises	• 한국의 시 『눈 내리는 밤』 Korean poem 『The Snowy Night』

등장인물 Characters

마리코 (30)
일본
LEI 학생, 주부
나나 (20)
중국
LEI 학생
줄리앙 (25)
프랑스
LEI 학생, 대학원생
이지연 (30)
한국
주부
김민수 (28)
한국
회사원
아키라 (28)
일본
LEI 학생, 회사원

10 뭐 먹을래?

What would you like to eat?

학 습 목 표

어 휘	• 음식 Food • 맛 Taste • 식당 평가 Restaurant review
문법과 표현 1	• N 중에(서) • 반말
말하기 1	• 식당 추천하기 Recommending a restaurant
문법과 표현 2	• V-(으)ㄹ래요 • A-(으)ㄴ데, V-는데, N인데 2
말하기 2	• 메뉴 추천하기 Recommending a menu
듣고 말하기	• 메뉴 정하는 대화 듣기 Listening to a conversation about choosing a menu item • 전화로 음식 주문하는 대화 듣기 Listening to a conversation about ordering food on the phone • 음식 주문하는 역할극하기 Role-play: ordering food
읽고 쓰기	• 식당 소개하는 글 읽기 Reading a passage about a restaurant review • 식당 소개하는 글 쓰기 Writing a restaurant review
과 제	• 전화로 음식 주문하기 Ordering food on the phone
문화 산책	• 반말 Banmal
발 음	• 의문문의 억양 Intonation of questions

어 휘 Vocabulary

1. 친구와 오늘 무슨 음식을 먹을지 [보기]와 같이 이야기해 보세요.
   Talk about what you would like to eat today with your partner as shown in the example.

보 기

오늘 점심에 뭘 먹을까요?

날씨가 추우니까 설렁탕 어때요?

김치찌개

된장찌개

순두부찌개

감자탕

매운탕

설렁탕

냉면

칼국수

비빔국수

삼겹살

떡갈비

갈비찜

2. 맛이 어떻습니까? 그림을 보고 알맞은 것을 골라 [보기]와 같이 쓰세요.

How does it taste? Choose the correct word from the box and write it under each picture as shown in the example.

달다	짜다	쓰다	시다	맵다

보 기

설탕	고춧가루, 고추장	약	소금, 간장	식초
달아요	________	________	________	________

3. 여러분이 자주 가는 식당은 어떻습니까? [보기]와 같이 이야기해 보세요.

Talk about a restaurant that you often visit as shown in the example.

보 기

자주 가는 식당이 어디예요?

제가 자주 가는 식당은 서울식당인데
값은 좀 비싸지만 분위기가 좋아요.

맛

값

교통

서비스

분위기

문법과 표현 1 Grammar and Expression 1

1. N 중에(서)

 track 02

A 한국 음식 중에서 뭘 제일 좋아해요?
B 불고기를 제일 좋아해요.

예

- 저는 운동 **중에서** 야구를 가장 좋아해요.
- 지금까지 본 영화 **중에** 뭐가 제일 재미있었어요?
- 스티븐 씨는 우리 반**에서** 키가 제일 커요.

연습1 [보기]와 같이 이야기해 보세요.
Ask each other questions and respond as shown in the example.

보 기

지금까지 먹어 본 한국 음식 중에서 뭐가 제일 맛있어요?

비빔밥이 제일 맛있어요.

지금까지 먹어 본 한국 음식 | 지금까지 가 본 곳

지금까지 본 영화 | 우리 반 친구들 | ?

2. 반말

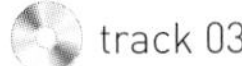 track 03

A 수업 끝나고 뭐 해?

B 친구 만나러 명동에 갈 거야.

예

- 토요일에는 학교에 안 **가**.
- 지금 몇 시**야**?
- 오늘 바**빠**?
  – 아니, 안 바**빠**.
- 수업 끝나고 점심 같이 먹**자**.
- 학교 늦겠**어**. 빨리 일어**나**.

연습1 그림을 보고 상황에 맞게 이야기해 보세요.
Practice the conversation with your partner using the appropriate speech style for each situation.

동갑 친구

주말에 동갑 친구와 함께 영화를 보려고 합니다.
친구에게 전화를 걸어 약속을 해 보세요.

대학교 선배와 후배

오랜만에 대학교 선배를 학교에서 만났습니다.
서로 어떻게 지냈는지 이야기해 보세요.

친한 언니와 동생

학교 생활에 대해서 궁금한 것이 있습니다.
같은 기숙사에 사는 친한 언니에게 알고 싶은 것을 물어보세요.

동갑 the same age　선배 one's senior　후배 one's junior　오랜만에 after a long time

말하기 1 Speaking 1

track 04

스티븐　이 근처에 있는 식당 중에서 어디가 제일 좋아?

정　우　식당은 왜?

스티븐　다음 주 토요일이 우리 반 친구 생일이라서 친구들하고 같이 저녁 먹으려고.

정　우　친구들이 어떤 음식을 좋아하는데?

스티븐　다 잘 먹는데 친구들 중에 매운 음식을 잘 못 먹는 사람이 있어.

정　우　그럼 사거리에 있는 서울식당이 어때? 서울식당은 갈비가 유명한데 다른 음식도 다 맛있고 값도 비싸지 않아.

스티븐　미리 예약을 해야 할까?

정　우　주말에는 항상 사람이 많으니까 예약해야 될 거야.

연습1

1)
- 우리 반 친구 생일
- 친구들
- 매운 음식을 잘 못 먹다
- 값도 비싸지 않다

2)
- 할아버지 생신
- 가족들
- 생선을 안 좋아하다
- 분위기도 좋다

미리 in advance

연습2 여러분이 경험한 것 중에서 친구에게 추천해 주고 싶은 것이 있습니까? 친구와 반말로 이야기해 보세요.

Do you have some experiences to recommend to your classmates? Talk about them with your partner using banmal.

• • •

한국 음식	여행	영화
책	음악	?

문법과 표현 2 Grammar and Expression 2

1. V-(으)ㄹ래요

 track 05

A 뭐 먹을래?

B 나는 칼국수 먹을래. 너는?

예

- 오늘 시간 있으면 같이 영화 보러 **갈래요**?
- 배고픈데 밥 먹**을래요**?
  - 네, 좋아요.

연습1 [보기]와 같이 이야기해 보세요.
Ask each other questions and respond as shown in the example.

보 기

내일	이번 주말	수업 후	?
쇼핑하다	산에 가다	영화를 보다	?

2. A-(으)ㄴ데, V-는데, N인데 2

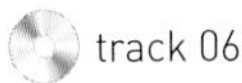

A 삼계탕 좋아해요?

B 아니요, 닭고기는 좋아하는데 삼계탕은 별로 안 좋아해요.

예

- 이 식당은 분위기는 좋**은데** 음식은 맛없어요.
- 형은 축구를 잘**하는데** 저는 잘 못해요.
- 내일은 토요일**인데** 수업이 있어요.
- 공부를 열심히 **했는데** 시험을 잘 못 봤어요.

연습1 [보기]와 같이 이야기해 보세요.
Create sentences as shown in the example.

보 기

한국은 지금 추운데
우리 고향은 더워요.

한국 음식은 매운 음식이 많은데
우리 고향 음식은 전혀 맵지 않아요.

한국과 고향	작년과 올해	여름과 겨울
남자와 여자	자유 여행과 패키지여행	?

말하기 2 Speaking 2

track 07

정 우　스티븐, 뭐 먹을래?

스티븐　종류가 많네. 여긴 뭐가 맛있어?

정 우　이 식당은 삼계탕이 맛있는데 한번 먹어 볼래?

스티븐　음, 난 닭고기는 좋아하는데 삼계탕은 별로 안 좋아해.

정 우　그래? 그럼 감자탕 어때? 안 먹어 봤으면 한번 먹어 봐.

스티븐　좋아. 그럼 감자탕 시키자.

정 우　아주머니, 여기 감자탕 2인분 주세요.

· · ·

정 우　맛이 어때? 입에 맞아?

스티븐　응, 조금 매운데 맛있어.

연습1

1)

삼계탕이 맛있다
닭고기는 좋아하다
삼계탕은 별로 안 좋아하다
감자탕

2)

생선회가 유명하다
생선 요리는 잘 먹다
생선회는 안 먹다
매운탕

시키다 to order　(1인)분 (one) serving　입에 맞다 to be to one's taste

연습2 여러분이 자주 가는 식당에 친구와 같이 갔습니다. 친구와 뭘 먹을지 이야기하고 주문해 보세요.
Imagine that you went to your favorite restaurant with your classmates. Talk about what you are going to eat and order the food.

· · ·

추천 recommendation 이상 more than 후식 dessert

듣고 말하기 Listening and Speaking

준비 여러분은 식당에 갈 시간이 없을 때 어떻게 식사를 합니까?
How do you eat when you don't have time to go to a restaurant?

듣기1 잘 듣고 맞는 것을 고르세요. track 08
Listen carefully and choose the correct statement.

① 두 사람은 지금 식당에 있습니다.

② 여자가 음식을 주문하려고 합니다.

③ 남자는 불고기를 좋아하지 않습니다.

준비 여러분은 한국에서 전화로 어떤 음식을 주문해 봤습니까?
What food have you ordered on the phone in Korea?

듣기2 잘 듣고 빈칸에 알맞은 답을 쓰세요. track 09
Listen carefully and complete the sentences.

1) 이 사람은 지금 ____________과/와 ____________을/를 시켰습니다.

2) 음식값은 모두 _________원입니다.

3) _________분쯤 후에 주문한 음식이 올 것입니다.

말하기 식당에 전화해서 직접 음식을 주문해 보세요.
Call a restauraunt and order food on the phone.

전화 주셔서 감사합니다.
피자나라입니다.

주문 좀 하려고 하는데요.

· · ·

• 전화로 음식을 주문할 때
When ordering food on the phone

피자 한 판 갖다 주세요.
지금 배달되나요?
1인분도 배달돼요?
시간이 얼마나 걸려요?

판 unit noun for pizza　갖다 주다 to bring　배달되다 to be delivered

읽고 쓰기 Reading and Writing

준비 여러분은 식당을 선택할 때 가장 중요하게 생각하는 것이 무엇입니까?
What is the most important factor to consider when choosing a restaurant?

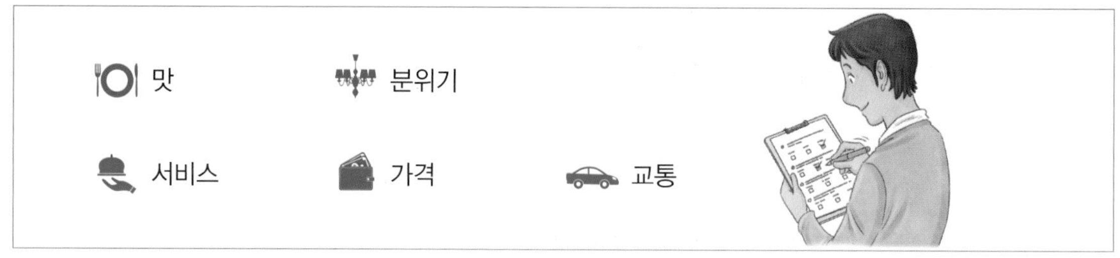

읽기 다음을 읽고 질문에 답하세요.
Read the passage and answer the following questions.

내 블로그 | 이웃 블로그 | 모두의 블로그 | 바로가기

맛집
여행
영화

〈큰사랑 한정식집〉을 추천합니다.

오늘은 '큰사랑 한정식집'을 소개하겠습니다. 큰사랑 한정식집은 인사동에 있는데 지하철역에서 좀 멀지만 한국의 전통적인 분위기도 느낄 수 있고 직원들도 친절합니다. 한정식을 시키면 큰 상에 고기, 생선, 야채 등 여러 가지 음식이 아주 많이 나옵니다. 저는 이 식당에서 한정식을 처음 먹어 봤는데 음식 종류도 다양하고 처음 보는 음식도 많아서 놀랐습니다. 그중에서 떡갈비가 제 입에 제일 잘 맞았습니다. 값은 좀 비싼데 음식이 모두 맛있어서 돈이 아깝지 않았습니다. 여러 가지 한국 전통 음식을 먹어 보고 싶은 사람들에게 이곳을 추천합니다.

맛 ☆☆☆☆☆	5점	분위기 ☆☆☆☆☆	5점
서비스 ☆☆☆☆☆	5점	가격 ☆☆☆☆☆	3점
교통 ☆☆☆☆☆	2점		

맛집 restaurant for renowned delicious food 한정식 Korean multi course meal 직원 employee 상 table 야채 vegetable
돈이 아깝다 to regret about the money that one spends

1) 이 식당에 대한 설명으로 맞는 것을 고르세요.

① 교통이 편리합니다.

② 음식값이 비싸지 않습니다.

③ 분위기와 서비스가 좋습니다.

2) 이 글의 내용과 같지 않은 것을 고르세요.

① 이 글은 좋은 식당을 추천하는 글입니다.

② 이 사람은 한정식을 좋아해서 자주 먹습니다.

③ 이 사람은 떡갈비가 가장 마음에 들었습니다.

쓰기 친구들에게 여러분이 좋아하는 식당을 추천해 보세요.
Recommend your favorite restaurant to your classmates.

☆☆☆☆☆ 점 ☆☆☆☆☆ 점 ☆☆☆☆☆ 점

☆☆☆☆☆ 점 ☆☆☆☆☆ 점

과 제 Task

식당 주인과 손님이 되어 역할극을 해 보세요.

Take the role of a restaurant owner or a customer and do a role-play.

우리 학교 학생들이 모여 세계 전통 음식 축제를 하려고 합니다. 여러분 나라의 전통 음식을 파는 식당을 할 사람과 그 식당에 갈 손님을 정해 보세요.

We are going to have an international food festival. Take the role of a restaurant owner or a customer.

식당 주인은 식당 이름을 정하고 식당에서 팔 음식의 메뉴를 만들어 보세요.

The student who takes the role of the restaurant owner will name the restaurant and create a menu.

손님은 같이 갈 친구가 어떤 음식을 좋아하는지 묻고 같이 갈 식당을 정해 보세요.

The student who takes the role of the customer will ask a friend favorite food and choose a restaurant to go together.

오늘 점심은 전통 음식 축제에 가서 먹을까?

좋아. 어떤 나라 음식들을 파는데?

중국, 터키, 멕시코, 베트남 등 여러 나라 음식들이 있는데, 어느 식당으로 갈래?

터키 식당에 한번 가 보자. 난 터키 음식을 안 먹어 봐서 한번 먹어 보고 싶어.

전통 음식 축제에 가서 음식을 주문해 보세요. 모르는 음식이 있으면 식당 주인에게 물어보세요.
Go to a restaurant and order food. Ask a restaurant owner about the food that you are not familiar with.

저, 터키 식당에 처음 왔는데 뭐가 맛있어요?

터키는 케밥이 유명한데 드셔 보셨어요?

케밥은 어떤 음식이에요?

고기하고 야채로 만드는데 아주 맛있어요. 한번 드셔 보세요.

그럼 케밥 두 개 주세요.

음료수는 필요 없으세요?

· · ·

케밥 kebab　필요 없다 to be needless

문화 산책 Culture Note

준비 여러분은 반말을 해 봤습니까? 누구와 반말을 합니까?
Have you used banmal? To whom do you use it?

알아 보기

어제 친구와 같이 학교에 가다가 아는 선배를 만났습니다. 친구는 선배와 반말로 이야기를 했습니다. 제가 좀 놀라니까 친구가 "난 저 선배랑 친해서 반말로 이야기해." 하고 말했습니다. 저는 지금까지 나이가 많은 사람에게는 항상 높임말을 썼습니다. 저도 말을 놓을 수 있는 친한 선배가 있었으면 좋겠습니다.

생각 나누기 여러분 나라에도 높임말과 반말이 있습니까?
Are there formal and informal speech level in your native language?

높임말 honorific language 말을 놓다 to speak in a casual way

발 음 Pronunciation

준비 들어 보세요. track 10
Listen to the following sentences.

1) 음식이 입에 맞아?
2) 뭐 먹을래?

규칙 1) 의문사가 없는 의문문은 문장의 끝을 올려서 말합니다.
Yes-no questions have rising intonation.

예] 요즘도 바빠요?

삼계탕 한번 먹어 볼래?

2) 의문사가 있는 의문문은 문장의 끝을 내려서 말합니다. 그러나 요즘은 의문사가 있는 의문문도 문장의 끝을 약간 올려서 말하는 사람도 많습니다.
In general, questions with interrogatives have falling intonation, however, many people now slightly raise their intonation at the sentence ending.

예] 여기는 뭐가 맛있어요? 여기는 뭐가 맛있어요?

맛이 어때? 맛이 어때?

연습 잘 듣고 따라 해 보세요. track 11
Listen carefully and repeat the following sentences.

1) 저 식당에 가 봤어요?
2) 방학에 어디 갈 거야?
3) 무슨 운동을 좋아해요?
4) A 우리 오늘 뭐 할까?
B 영화 보러 갈까?

자기 평가 Self-Check

1. 다음 중 아는 단어에 √ 하세요.
   Check all the words that you know.

□ 맛	□ 달다	□ 짜다	□ 시다
□ 분위기	□ 시키다	□ 갖다 주다	□ 돈이 아깝다
□ 동갑	□ 반말	□ 입에 맞다	□ 말을 놓다

2. 알맞은 것을 골라 대화를 만들어 보세요.
   Complete each dialogue using the word in parentheses and the appropriate grammar form in the box.

중에(서)	-(으)ㄹ래요	-(으)ㄴ데	-는데

1) A 뭐 ____________________? (마시다)
   B 저는 커피 주세요.

2) A 지금까지 먹어 본 ____________________ 뭐가 제일 맛있어요? (한국 음식)
   B 삼계탕이 제일 맛있어요.

3) A 어제는 ____________________ 오늘은 시원하네요. (덥다)
   B 네, 시원해서 좋네요.

3. 다음을 반말로 말해 보세요.
   Change the following dialogue to banmal.

A 한국 음식 중에서 뭐가 제일 입에 맞아요?
B 저는 떡볶이를 제일 좋아해요.

정답
2. 1) 마실래요 2) 한국 음식 중에서 3) 더웠는데 3. A 한국 음식 중에서 뭐가 제일 입에 맞아? / B 나는 떡볶이를 제일 좋아해.

번 역 Translation

어휘

김치찌개	kimchi stew
된장찌개	yellow bean paste stew
순두부찌개	soft tofu stew
감자탕	potato stew with pork
매운탕	spicy fish stew
설렁탕	stock soup of bone and stew meat
냉면	cold noodles
칼국수	(handmade) chopped noodles
비빔국수	noodles mixed with vegetables and red pepper sauce
삼겹살	pork belly
떡갈비	marinated ground rib meat on the bone
갈비찜	short-rib stew
달다	to be sweet
짜다	to be salty
쓰다	to be bitter
시다	to be sour
맵다	to be spicy
맛	taste
값	price
교통	traffic
서비스	service
분위기	atmosphere

말하기 1

Steven Which one is the best among the Korean restaurants around here?
Jeongu Restaurant? Why?
Steven Next Saturday is my classmate's birthday, so I'd like to have dinner with some friends.
Jeongu What kind of food do your friends like?
Steven They eat everything, but a few of them can't eat spicy food.
Jeongu Then, how about Seoul restaurant at the intersection? Seoul restaurant is famous for galbi, but all other meals are also delicious and not expensive.
Steven Will I need to make a reservation?
Jeongu You should make a reservation because on the weekends it's always crowded.

말하기 2

Jeongu Steven, what would you like to eat?
Steven There are many kinds of food. What is delicious here?
Jeongu Samgyetang is delicious in this restaurant; would you like to try it?
Steven Um, I like chicken but not particularly samgyetang.
Jeongu Really? Then how about gamjatang? If you haven't tried, give it a try.
Steven Okay. I will give gamjatang a try then. Let's order it.
Jeongu Excuse me, please give us two servings of gamjatang.

. . .

Jeongu How is the taste? Do you like it?
Steven Yes, it is a little spicy but delicious.

11 운동을 좀 해 보는 게 어때요?

Why don't you exercise?

학습목표

어 휘	• 증상 Symptom • 병원 Hospital • 약 Medication
문법과 표현 1	• 'ㅅ' 불규칙 • N마다
말하기 1	• 증상 설명하기 Explaining symptoms
문법과 표현 2	• V–는 게 어때요? • V–기로 하다
말하기 2	• 권유하기 Recommending
듣고 말하기	• 의사와 환자 대화 듣기 Listening to a conversation between a doctor and a patient • 건강 비결 인터뷰 듣기 Listening to an interview about health secrets • 건강 비결 인터뷰하기 Interviewing someone about health secrets
읽고 쓰기	• 건강한 생활 습관에 대한 글 읽기 Reading a passage about healthy lifestyles • 건강한 생활 습관에 대한 글 쓰기 Writing a passage about healthy lifestyles
과 제	• 의사와 환자 역할극하기 Role-play: doctor and patient
문화 산책	• 인삼 Korean ginseng
발 음	• 종성 규칙 후 연음 Liaison Rule

어 휘 Vocabulary

1. 병원에 갔습니다. [보기]와 같이 어디가 아픈지 이야기해 보세요.
   You go to the doctor's office. Explain your symptoms as shown in the example.

보 기

속이 안 좋다

몸살이 나다

다리를 다치다

소화가 안되다

배탈이 나다

토하다

어지럽다

멀미를 하다

얼굴에 뭐가 나다

입맛이 없다

기운이 없다

잠을 잘 못 자다

2. 다음은 어디가 아플 때 가는 병원입니까?

With what kind of symptoms do people visit following places?

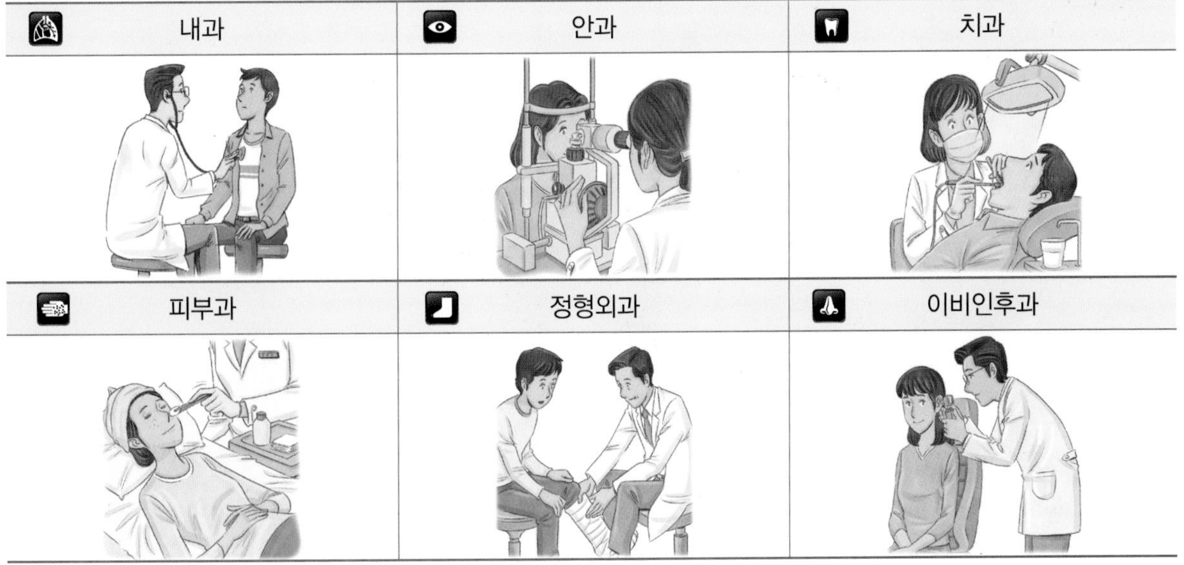

3. [보기]와 같이 알맞은 단어를 골라 문장을 만들어 보세요.

Complete each sentence using the appropriate word from the box as shown in the example.

감기약	두통약	멀미약	소화제	해열제	안약	파스	연고

먹다	넣다	붙이다	바르다

보 기

소화가 잘 안돼요.

그럼 소화제를 한번 먹어 보세요.

문법과 표현 1 Grammar and Expression 1

1. 'ㅅ' 불규칙

A 감기 아직 안 나았어요?

B 네, 기침이 계속 나요.

예

- 감기가 빨리 **나았으면** 좋겠어요.
- 눈이 좀 **부은** 것 같아요.
- 이 집은 30년 전에 **지었어요**.
- 커피에 설탕을 넣었으니까 잘 **저어서** 드세요.

연습1 다음 단어를 사용해서 [보기]와 같이 문장을 만들어 보세요.
Create sentences using the following words as shown in the example.

낫다	붓다	짓다	젓다

보 기

낫다 to recover 기침이 나다 to have a cough 계속 continuously 붓다 to swell (건물을, 이름을) 짓다 to build; to name 젓다 to stir

2. N마다

 track 13

A 이 약을 하루에 몇 번 먹어야 돼요?
B 하루에 세 번씩, 여덟 시간마다 드세요.

예

- 날**마다** 한 시간씩 운동해요.
- 저는 아침**마다** 수영을 해요.
- 나라**마다** 문화가 달라요.

연습1 [보기]와 같이 이야기해 보세요.
Ask each other questions and respond as shown in the example.

보 기

아침	주말	쉬는 시간
방학 때	심심할 때	시간이 날 때

씩 (number of) times

말하기 1 Speaking 1

track 14

약사 어떻게 오셨어요?

나나 배가 아파서 왔는데요.

약사 속도 안 좋으세요?

나나 네, 속도 안 좋고 토할 것 같아요.

약사 언제부터 아프셨어요?

나나 어제 저녁부터 계속 아파요.

약사 그럼 이 약을 한번 드셔 보세요. 식후 세 번, 여덟 시간마다 드시면 돼요.

나나 네, 얼마지요?

약사 5,000원이에요. 이 약을 이틀 정도 드셔 보시고 그래도 안 나으면 병원에 가세요.

나나 네, 감사합니다. 안녕히 계세요.

연습1

1)
- 배가 아프다
- 속도 안 좋다
- 토할 것 같다
- 안 낫다

2)
- 몸살이 난 것 같다
- 열도 나다
- 목도 부었다
- 계속 아프다

식후 after a meal 그래도 but still

연습2 약국에 갔습니다. 어디가 아픈지 이야기하고 필요한 약을 사 보세요.
You go to a pharmacy. Explain your symptoms and buy medication.

어떻게 오셨어요?

소화가 잘 안돼서 왔는데요.

그러세요? 그럼 이 소화제를 드셔 보세요. 하루에 세 번 식후에 드시면 돼요.

네, 얼마지요?

3,000원이에요.

네, 감사합니다. 안녕히 계세요.

● 증상

소화가 안되다	머리가 아프다	열이 나다	감기에 걸리다
멀미를 하다	다리를 다치다	눈이 아프다	얼굴에 뭐가 나다

● 약

소화제	두통약	해열제	감기약
멀미약	파스	안약	연고

문법과 표현 2 Grammar and Expression 2

1. V-는 게 어때요?

 track 15

A 요즘 이가 계속 아파요.
B 치과에 가 보는 게 어때요?

예

- 많이 아프면 병원에 가서 진료를 받아 보는 **게 어때요?**
- 좀 싱거운 것 같아요.
  - 그럼 소금을 더 넣는 **게 어때요?**

연습1 [보기]와 같이 친구의 고민을 듣고 적절한 조언을 해 주세요.
Listen to your classmate's concern and give appropriate advice as shown in the example.

보 기

요즘 밤에 잠을 잘 못 자요.

밤에 따뜻한 우유를 한 잔 마시는 게 어때요?

낮에 가벼운 운동을 해 보는 게 어때요?

요즘 밤에 잠을 잘 못 자요.	요즘 계속 기운이 없고 피곤해요.	얼굴에 자꾸 뭐가 나요.
요즘 생활비가 많이 들어요.	여자(남자) 친구와 싸웠는데 화해하고 싶어요.	?

진료를 받다 to receive medical treatment 싱겁다 to be bland 자꾸 repeatedly 생활비 living expenses (돈이) 들다 to cash (money) 화해하다 to reconcile

2. V-기로 하다

A 이번 주말에 뭐 해요?

B 유진 씨랑 영화 보러 가기로 했어요.

예

- 주말에 친구를 만나**기로 했어요**.
- 내일 민수 씨와 저녁을 먹**기로 했어요**.

연습1 친구와 주말여행 계획을 세우고 [보기]와 같이 발표해 보세요.
Plan for a weekend trip with your partner and present it to the class as shown in the example.

질문	여행 계획
누구와 같이 갈 거예요?	
어디에 갈 거예요?	
몇 시에 어디에서 만날 거예요?	
거기에서 뭘 할 거예요?	
거기에서 뭘 먹을 거예요?	

보 기

저는 이번 주말에 스티븐 씨와
춘천에 가기로 했어요.
…

말하기 2 Speaking 2

track 17

민 수 아키라 씨, 왜 이렇게 기운이 없어요?

아키라 모르겠어요. 요즘 계속 피곤하고 입맛도 없어요.

민 수 그럼 운동을 좀 해 보는 게 어때요?

아키라 민수 씨는 건강을 위해서 특별히 하는 운동이 있어요?

민 수 네, 저는 아침마다 수영을 하는데 기분도 좋고 스트레스도 풀려요.

아키라 그래요? 어디에서 하는데요?

민 수 회사 근처에 있는 수영장에서 해요. 다음 주부터 지호 씨도 같이 하기로 했는데 아키라 씨도 같이 할래요?

아키라 네, 저도 시간 내서 한번 가 볼게요.

연습1

1)
- 입맛도 없다
- 아침 / 수영을 하다
- 수영장에서 하다
- 지호 씨도 같이 하다

2)
- 잠을 잘 못 자다
- 토요일 / 태권도를 배우다
- 태권도장에서 배우다
- 태권도 동호회에도 나가다

을/를 위해(서) for (something)　특별히 particularly　스트레스가 풀리다 stress is relieved　나가다 to go out; to attend

연습2 그림을 보고 한 사람은 고민을 이야기하고 다른 사람은 그에 맞는 조언을 해 보세요.

Look at the pictures and talk about problems and give advice.

켈리 씨, 요즘 무슨 일 있어요? 기운이 없는 것 같아요.

요즘 잠을 잘 못 자요.

그럼 운동을 좀 해 보는 게 어때요?

무슨 운동을 하는 게 좋을까요?

· · ·

고민

잠을 잘 못 자다

스트레스가 많다

입맛이 없다

?

조언

운동을 하다

여행을 다녀오다

병원에 가다

?

고민 problem; worry 조언 advice

듣고 말하기 Listening and Speaking

준비 여러분은 한국에서 병원에 가 봤습니까? 어디가 아파서 갔습니까?
Have you been to a doctor's office in Korea? What brought you there?

듣기1 잘 듣고 질문에 답하세요.  track 18
Listen carefully and answer the questions.

1) 여자에 대한 설명으로 맞는 것을 고르세요.

① 사흘 전부터 아팠습니다.

② 이 병원에 처음 왔습니다.

③ 내일 병원에 다시 와야 합니다.

2) 여자의 증상으로 맞지 않는 것을 고르세요.

①  ②  ③  ④ 

준비 다음은 무엇에 대한 기사입니까?
What are these news reports about?

김인창(88세)

미국 뉴욕, 아이다 킬링(95세)

듣기2 잘 듣고 질문에 답하세요. track 19

Listen carefully and answer the questions.

1) 잘 듣고 빈칸에 알맞은 말을 쓰세요.

남자는 ________마다 ________씩 운동을 합니다.

2) 이 사람에 대한 설명으로 맞는 것을 고르세요.

① 마라톤 대회에 여러 번 참가해 봤습니다.

② 참가한 선수 중에서 나이가 가장 많습니다.

③ 건강을 위해 먹는 특별한 음식이 있습니다.

말하기 여러분은 달리기 대회에서 상을 받았습니다. 기자와 인터뷰를 해 보세요.

Imagine that you won a running race. Give an interview with a reporter.

특별하다 to be special　평소 usual day

읽고 쓰기 Reading and Writing

준비 여러분은 건강을 위해 무엇을 합니까?
What do you do to stay healthy?

읽기 다음을 읽고 질문에 답하세요.
Read the passage and answer the following question.

건강한 생활 습관

어떻게 하면 건강한 생활을 할 수 있을까요? 많은 사람들이 비싼 영양제나 몸에 좋은 음식을 먹습니다. 그러나 그것보다 생활 습관을 바꾸는 것이 더 중요합니다. 다음은 의사들이 말하는 건강에 좋은 생활 습관입니다. 여러분도 한번 해 보세요.

1. 자주 웃고 모든 일을 좋은 쪽으로 생각하려고 노력합니다.
2. 너무 짜거나 매운 음식을 먹지 않고 고기보다 채소, 과일, 생선을 많이 먹습니다.
3. 날마다 30분씩 가벼운 운동을 합니다. 운동은 한 번에 오래 하는 것보다 매일 하는 것이 더 중요합니다.
4. 외출하고 나서 집에 돌아오면 바로 손을 씻습니다. 손을 자주 씻으면 감기를 예방할 수 있습니다.
5. 아침을 꼭 먹습니다. 저녁을 잘 먹는 것보다 아침을 잘 먹는 것이 건강에 더 좋습니다.

습관 habit 영양제 nutritional supplements 그러나 however 모든 all 노력하다 to make an effort 채소 vegetable
외출하다 to go out 예방하다 to prevent

1) 건강을 위해 어떻게 하는 것이 좋습니까? 글에서 찾아 빈칸에 써 보세요.

건강을 위해서 무엇보다 ______________________ 것이 중요합니다.

2) 이 글의 내용과 같은 것을 고르세요.

① 감기에 안 걸리려면 손을 자주 씻어야 합니다.

② 운동을 할 때는 한 번에 많이 하는 것이 좋습니다.

③ 좋은 음식보다 영양제를 먹는 것이 건강에 더 좋습니다.

쓰기 여러분이 알고 있는 건강한 생활 습관을 소개해 보세요.

Introduce a healthy lifestyle habit that you know.

과 제 Task

의사와 환자가 되어 역할극을 해 보세요.

Take the role of a patient or a doctor.

환자와 의사를 정하세요. 환자는 증상 카드를 받고 의사는 처방 카드를 받으세요. (활동지 → p.226)

Choose the role of a patient or of a doctor. The patient will receive a symptom card and the doctor will receive a prescription card.

환자는 자신의 증상을 어떻게 설명할지 생각해 보세요.

The student who takes the role of the patient will prepare how to explain symptoms to the doctor.

의사는 환자에게 무엇을 물어볼지 생각해 보세요.

The student who takes the role of the doctor will prepare what questions to ask to the patient.

환자는 병원에 가서 아픈 증상을 이야기해 보세요.

The patient will explain the symptoms to the doctor.

의사는 환자에게 처방과 주의사항을 알려 주세요.

The doctor will give a prescription and advice to the patient.

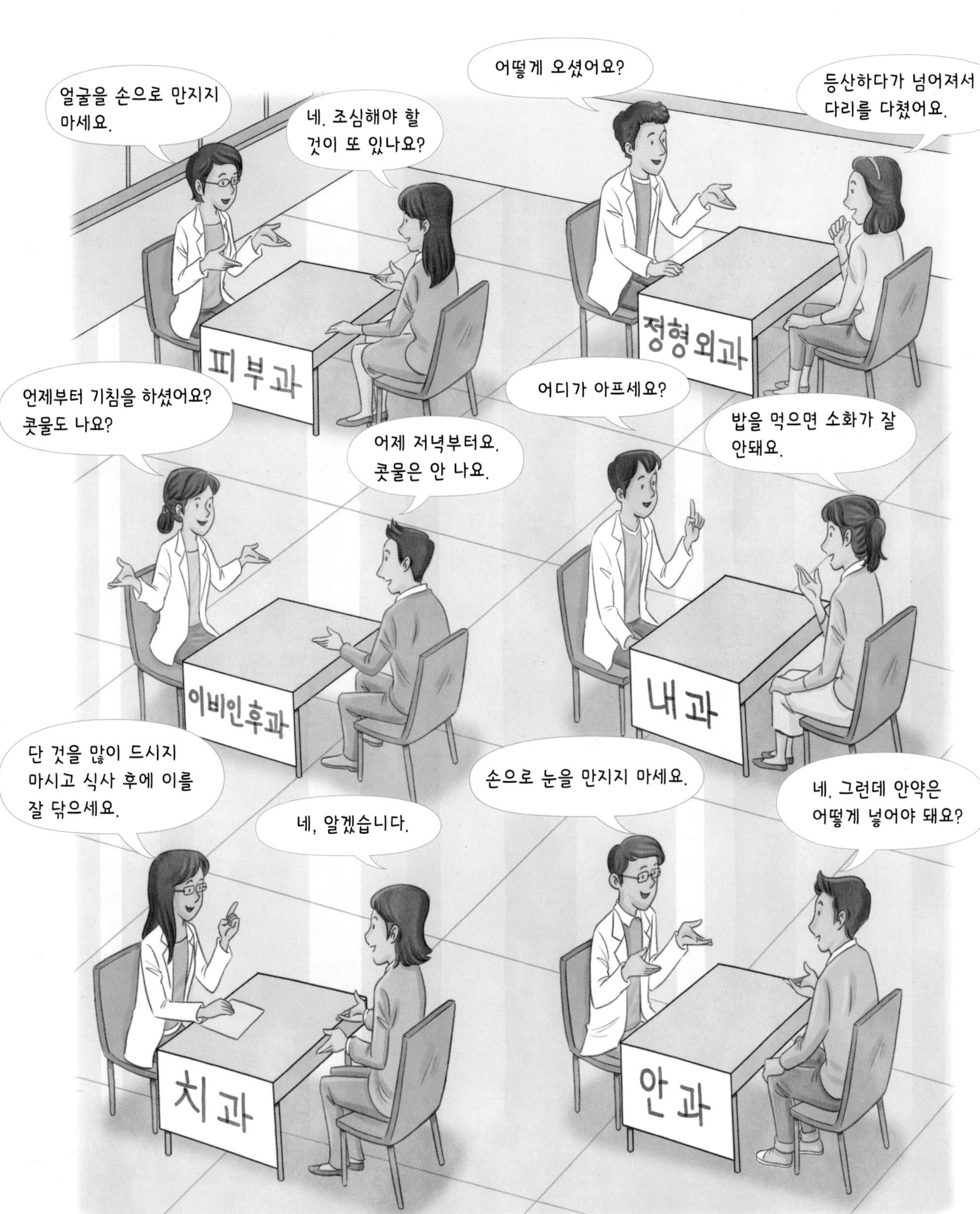
얼굴을 손으로 만지지 마세요.
네. 조심해야 할 것이 또 있나요?
피부과
어떻게 오셨어요?
등산하다가 넘어져서 다리를 다쳤어요.
정형외과
언제부터 기침을 하셨어요? 콧물도 나요?
어제 저녁부터요. 콧물은 안 나요.
이비인후과
어디가 아프세요?
밥을 먹으면 소화가 잘 안돼요.
내과
단 것을 많이 드시지 마시고 식사 후에 이를 잘 닦으세요.
네, 알겠습니다.
치과
손으로 눈을 만지지 마세요.
네. 그런데 안약은 어떻게 넣어야 돼요?
안과

만지다 to touch

문화 산책 Culture Note

준비 여러분은 인삼을 먹어 본 적이 있습니까? 인삼은 어디에 좋습니까?
Have you tried Korean ginseng? What is it good for?

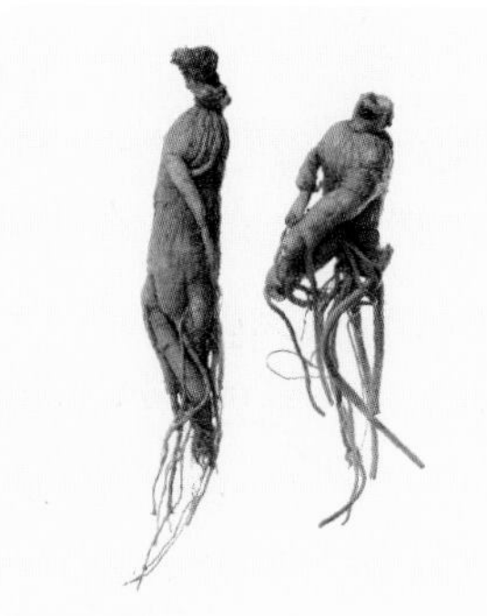

알아 보기

요즘 저는 소화도 잘 안되고 입맛도 없습니다. 특별히 아픈 곳은 없지만 힘이 없어서 공부하는 것이 힘들 때가 있습니다. 그래서 친구가 저를 걱정하면서 인삼을 선물해 주었습니다. 며칠 동안 계속 먹었는데 그전보다 좀 덜 피곤합니다. 고향에 계신 부모님께도 선물하면 좋을 것 같습니다.

생각 나누기 여러분 나라에서 건강을 위해서 특별히 먹는 것이 있습니까?
Are there special health food in your country?

덜 less

발 음 Pronunciation

준비 들어 보세요. track 20

Listen to the following sentences.

1) 어제 아파서 못 왔어요.
2) 이 약을 몇 알씩 먹어야 돼요?

규칙 받침의 발음이 [ㄱ, ㄷ, ㅂ]으로 바뀐 다음에 연음되는 경우에 주의하세요.

Pay attention to the final consonants that have changed sound to [ㄱ, ㄷ, ㅂ], and are followed by a syllable beginning with 'ㅇ'.

1) 두 단어가 한 단어가 된 경우
   When two words become one word

   예] 맛없어요 (맛+없어요) → [마덥써요]
   첫인상 (첫+인상) → [처딘상]

2) 두 단어를 이어서 발음하는 경우
   When two words are pronounced one after another

   예] 부엌 안 → [부억] + 안 → [부어간]
   못 와요 → [몯] + 와요 → [모돠요]
   잎 위 → [입] + 위 → [이뷔]

연습 잘 듣고 따라 해 보세요. track 21

Listen carefully and repeat the following sentences.

1) 이 약은 한 번에 몇 알씩 먹어요?
2) 잎 위에 나비가 앉았어요.
3) 부엌 안으로 들어가 보세요.
4) A 어제 왜 안 왔어요?
   B 바빠서 못 왔어요.

알 unit noun for pills, etc. 첫인상 first impression 잎 leaf 나비 butterfly

자기 평가 Self-Check

1. 다음 중 아는 단어에 √ 하세요.
   Check all the words that you know.

□ 몸살이 나다	□ 속이 안 좋다	□ 입맛이 없다	□ 멀미를 하다
□ 토하다	□ 어지럽다	□ 내과	□ 치과
□ 해열제	□ 소화제	□ 습관	□ 예방하다

2. 알맞은 것을 골라 대화를 만들어 보세요.
   Complete each dialogue using the word in parentheses and the appropriate grammar form in the box.

–는 게 어때요	–기로 하다	마다

1) A 이 약은 하루에 몇 번 먹어야 해요?
   B ______________________ 두 알씩 드세요. (여섯 시간)

2) A 오늘 저녁에 뭐 해요?
   B 민수 씨하고 ______________________. (영화 보러 가다)

3) A 음식을 잘못 먹어서 배탈이 난 것 같아요.
   B 계속 아프면 ______________________? (병원에 가다)

정답

2. 1) 여섯 시간마다 2) 영화 보러 가기로 했어요 3) 병원에 가는 게 어때요

번 역 Translation

어휘

속이 안 좋다	to not feel well in one's stomach
몸살이 나다	to have aches and pains due to the flu or fatigue
다리를 다치다	to hurt one's leg
소화가 안되다	to have indigestion
배탈이 나다	to have an upset stomach
토하다	to vomit
어지럽다	to be dizzy
멀미를 하다	to have motion sickness
얼굴에 뭐가 나다	to have one's face break out
입맛이 없다	to have no appetite
기운이 없다	to feel feeble/down
잠을 잘 못 자다	to not sleep well
내과	internal medicine
안과	ophthalmology
치과	the dentist
피부과	dermatology
정형외과	orthopedics
이비인후과	ear-nose-and-throat department
감기약	cold medicine
두통약	headache pill
멀미약	motion sickness medicine
소화제	digestive medicine
해열제	fever reducer
안약	eye drops
파스	pain relief patch
연고	ointment
(약을) 먹다	to take (medicine)
(안약을) 넣다	to put (eye drops)
(파스를) 붙이다	to apply (a pain relief patch)
(연고를) 바르다	to apply (an ointment)

말하기 1

Pharmacist What brings you here?
Nana I came because I have stomachache.
Pharmacist Do you have indigestion? Don't you feel well in your stomach?
Nana No, I don't feel well my stomach and feel like vomiting.
Pharmacist When did it start hurting?
Nana I have been sick since last night.
Pharmacist Then, take this medication 3 times a day after each meal, every eight hours.
Nana Yes, how much is it?
Pharmacist It is 5,000 won. Take it for two days and if you don't get better, you should visit a doctor.
Nana Okay, I will. Thank you.

말하기 2

Minsu Akira, why are you so down?
Akira I don't know. I have feeling so tired and have no appetite lately.
Minsu Then, why don't you try to exercise?
Akira Minsu, are you doing any special exercise for your health?
Minsu Yes. I swim every morning and it puts me in a good mood and relieves stress.
Akira Really? Where do you swim?
Minsu At the swimming pool near my company. Jiho also decided that he will go with me starting next week. Would you like to join us?
Akira Yes. I'll make time and try going with you.

12 저는 좀 조용한 편이에요

I am a little on the quiet side

학 습 목 표

어 휘	• 외모 Appearance • 성격 Personality
문법과 표현 1	• A–아/어 보이다 • N처럼[같이]
말하기 1	• 외모 묘사하기 Describing appearances
문법과 표현 2	• A–(으)ㄴ 편이다, V–는 편이다 • A–게
말하기 2	• 성격 표현하기 Expressing personalities
듣고 말하기	• 머리 모양에 대한 대화 듣기 Listening to a conversation about hairstyle • 미용실에서 머리 모양 설명하는 대화 듣기 Listening to a conversation about requesting hairstyle in a hair salon • 미용실에서 원하는 머리 모양 요청하기 Requesting hairstyle in a hair salon
읽고 쓰기	• 성격 테스트 문항 읽기 Reading personality tests • 자신의 성격에 대해 쓰기 Writing about one's personality
과 제	• 인물의 외모와 성격 묘사하기 Describing appearances and personalities
문화 산책	• 붕어빵 Fish-shaped bread
발 음	• 받침 'ㄻ' Final consonants 'ㄻ'

어 휘 Vocabulary

1. 그림을 보고 [보기]와 같이 말해 보세요.
Look at the picture and make sentences as shown in the example.

보 기

눈이 크다 ↔ 작다

눈썹이 진하다 ↔ 연하다

쌍꺼풀이 있다 ↔ 없다

코가 높다 ↔ 낮다

입이 크다 ↔ 작다

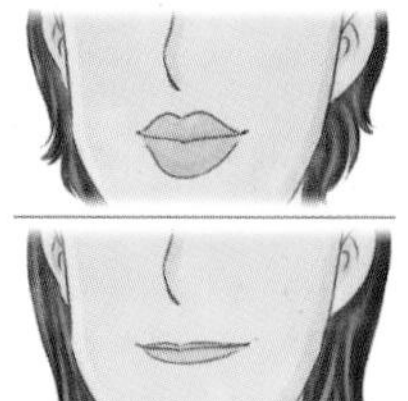

입술이 두껍다 ↔ 얇다

이마가 넓다 ↔ 좁다

어깨가 넓다 ↔ 좁다

키가 크다 ↔ 작다

2. 그림을 보고 [보기]와 같이 이야기해 보세요.

Talk about each person in the picture as shown in the example.

보 기

유진 씨는 성격이 어때요?

꼼꼼한 것 같아요.

활발하다

내성적이다

꼼꼼하다

남성적이다

여성적이다

성격이 급하다

문법과 표현 1 Grammar and Expression 1

1. A-아/어 보이다

A 스티븐 씨, 오늘 기분이 아주 좋아 보이네요.

B 네, 수업 끝나고 데이트가 있어요.

예

- 시계가 비**싸 보이네요**.
- 저 신발이 편**해 보여요**.
- 가방이 무거**워 보이는데** 제가 들어 드릴까요?

연습1 그림을 보고 [보기]와 같이 이야기해 보세요.
Look at the pictures and ask each other questions and respond as shown in the example.

키가 크다　날씬하다　멋있다　똑똑하다　어리다　뚱뚱하다

보 기

이 구두 어때요?

그 구두를 신으니까 키가 커 보여요.

날씬하다 to be slim　어리다 to be young　뚱뚱하다 to be fat

2. N처럼[같이]

track 23

A 이 사람은 누구예요?

B 제일 친한 친구예요. 어릴 때부터 가족처럼 지냈어요.

예

- 켈리 씨는 가수**처럼** 노래를 잘해요.
- 제 동생은 열 살인데 어른**같이** 말해요.

연습1 [보기]와 같이 여러분의 가족이나 친구들에 대해 이야기해 보세요.
Talk about your family members or friends as shown in the example.

보 기

켈리 씨는 가수처럼 노래를 잘해요.

나나 씨는 인형같이 생겼어요.

가수

모델

수영 선수

요리사

한국 사람

인형

어머니

어른 adult 생기다 to look like 모델 model

말하기 1 Speaking 1

track 24

마리코 여기가 내 방이야.

나 나 책이 많네요. 이건 친구들 사진이에요?

마리코 응, 작년 크리스마스 때 찍었어.

나 나 참 즐거워 보여요. 언니 옆에 있는 사람은 누구예요?

마리코 나하고 제일 친한 친구야. 어릴 때부터 자매처럼 지냈어.

나 나 그래요? 언니하고 얼굴도 닮은 것 같아요.

마리코 그런 말 많이 들어. 우리 둘 다 이마가 넓고 눈이 커서 그런 것 같아.

나 나 성격도 비슷해요?

마리코 아니, 성격은 정말 달라. 나는 활발한 성격인데 내 친구는 내성적이야.

연습1

1)

작년 크리스마스

즐겁다

자매

이마가 넓다 / 눈이 크다

2)

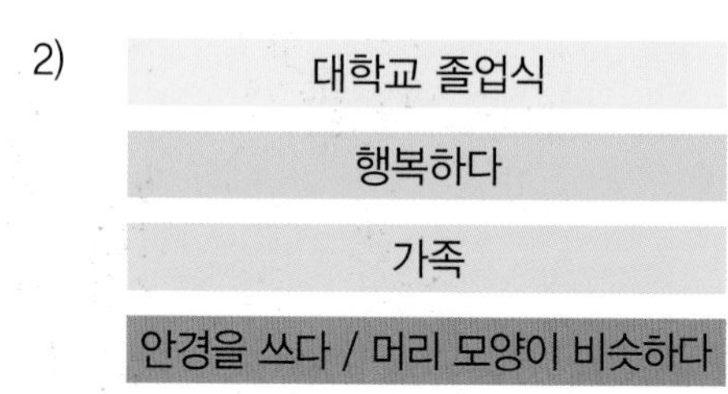

자매 sisters　닮다 to resemble　졸업식 graduation ceremony　행복하다 to be happy　머리 모양 hairstyle

연습2 가족이나 친구들의 사진을 보면서 이야기해 보세요.
Show your classmates a photo of your family or friends and talk about it.

이 사진은 언제 찍은 거예요?

작년 여름에 친구들하고 제주도에 여행 가서 찍은 사진이에요.

옆에 있는 사람은 누구예요? 성격이 좋아 보이네요.

베트남에서 온 친구인데 아주 활발하고 재미있어요.

· · ·

문법과 표현 2 Grammar and Expression 2

1. A-(으)ㄴ 편이다, V-는 편이다

 track 25

A 나나 씨는 성격이 어때요?

B 여성적이고 조용한 편이에요.

예

- 제 동생은 좀 마른 **편이에요**.
- 이 식당은 사람이 많은 **편이에요**.
- 저는 매운 음식을 잘 먹는 **편이에요**.

연습1 여러분의 가족이나 주변 사람의 성격에 대해 [보기]와 같이 말해 보세요.
Talk about your family or someone you know as shown in the example.

보 기

우리 형은 성격이 급하고 남성적인 편이에요.

제 친구 샤오밍은 수업 시간에는 조용한 편이지만 친구들과 놀 때는 아주 활발해요.

내성적이다	활발하다	친절하다
성격이 급하다	여성적이다	남성적이다
조용하다	꼼꼼하다	?

마르다 to be skinny

2. A-게

track 26

A 머리를 잘랐네요?

B 네, 더워서 짧게 잘랐어요.

예

- 오늘 데이트가 있어서 예쁘**게** 입었어요.
- 주말에 친구들과 재미있**게** 놀았어요.

연습1 아래 질문에 해당하는 사람을 찾아 [보기]와 같이 말해 보세요.
Find a classmate who is applied to each of the following. Then make sentences as shown in the example.

보 기

	질문	이름
1	이야기를 재미있게 하는 사람	
2	다른 사람을 친절하게 도와주는 사람	
3	약속 시간을 정확하게 지키는 사람	
4	글씨를 예쁘게 쓰는 사람	
5	옷을 멋있게 입는 사람	
6	귀엽게 웃는 사람	
7	학교에 자주 늦게 오는 사람	

자르다 to cut 시간을 지키다 to keep time 정확하다 to be accurate 글씨 handwriting

말하기 2 Speaking 2

track 27

스티븐　켈리 씨의 이상형은 어떤 사람이에요?

켈　리　제가 좀 조용한 편이라서 활발한 사람이 좋아요. 말을 재미있게 하는 사람이면 더 좋고요.

스티븐　그래요? 제 친구 중에 괜찮은 친구가 있는데 한번 만나 볼래요?

켈　리　어떤 사람인데요?

스티븐　한국어 공부할 때 저를 많이 도와준 한국 친구인데 활발하고 재미있어요. 켈리 씨와 잘 어울릴 것 같아요.

켈　리　그래요? 학생이에요?

스티븐　아니요, 회사원이에요. 편하게 한번 만나 보세요.

켈　리　좋아요. 그럼 나중에 연락 주세요.

연습1

1)

조용하다
말을 재미있게 하다
한국어 공부하다
활발하고 재미있다

2)

말이 없다
분위기를 편하게 만들다
한국 생활이 힘들다
성격도 좋고 친절하다

이상형 ideal type

연습2 친구에게 이상형을 묻고 어울릴 만한 사람을 소개해 보세요.

Ask your classmates their ideal types and introduce someone who might be a good match.

	친구의 이상형
외모	
성격, 취미 등	

아키라 씨의 이상형은 어떤 사람이에요?

저는 머리가 길고 눈이 큰 여자가 좋아요.

어떤 성격의 여자를 좋아해요?

저는 운동을 좋아하는 편이에요. 그래서 활발하고 운동을 좋아하는 사람이 좋아요.

그래요? 그럼 제 친구 한번 만나 볼래요?

어떤 사람인데요?

· · ·

외모 appearance

듣고 말하기 Listening and Speaking

준비 여러분은 기분 전환을 하고 싶을 때 무엇을 합니까?
What do you do when you need a change?

듣기1 잘 듣고 맞지 않는 것을 고르세요. track 28
Listen carefully and choose the sentence that is different from the conversation.

① 마리코는 머리 모양을 바꿨습니다.

② 마리코가 간 미용실은 값이 비싼 편입니다.

③ 마리코는 시험 때문에 기분이 안 좋았습니다.

준비 한국에서 미용실에 가 봤습니까? 미용실에서 무엇을 했습니까?
Have you been to a hair salon? What did you have done there?

머리를 자르다

파마를 하다

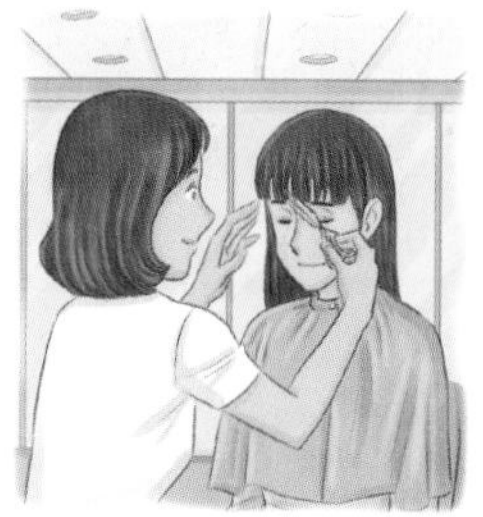
앞머리를 다듬다

염색을 하다

듣기2 잘 듣고 질문에 답하세요. track 29
Listen carefully and answer the question.

1) 여자는 머리를 어떻게 하려고 합니까?

①

②

③

④

파마를 하다 to perm 앞머리를 다듬다 to trim bangs 염색을 하다 to dye

말하기 미용실에 갔습니다. 여러분이 하고 싶은 머리 모양을 이야기해 보세요.
You are in a hair salon. Talk about the hairstyle that you want.

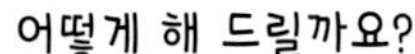

· · ·

읽고 쓰기 Reading and Writing

준비 여러분은 다음 중 어느 쪽에 가깝습니까?
Which side represents you best?

A	B

읽기 다음을 읽고 질문에 답하세요.
Read the passage and answer the following questions.

1) 다음을 읽고 ①과 ② 중에서 자기에게 더 맞는 것에 √ 하세요.

번호	√	나는 …
1	□	① 말하는 것을 좋아합니다.
	□	② 말이 별로 없습니다.
2	□	① 새로운 사람을 만나는 것이 재미있습니다.
	□	② 잘 모르는 사람을 만나는 것이 불편합니다.
3	□	① 말을 하면서 생각을 합니다.
	□	② 생각을 하고 나서 말을 합니다.
4	□	① 여러 사람과 일하는 것이 편합니다.
	□	② 혼자 일하는 것이 편합니다.
5	□	① 내 생각을 사람들에게 표현하는 것을 좋아합니다.
	□	② 내 생각을 사람들에게 쉽게 표현하지 않습니다.
6	□	① 말할 때 제스처가 큰 편입니다.
	□	② 말할 때 제스처를 사용하지 않는 편입니다.
7	□	① 혼자 오랫동안 일하면 외롭고 심심합니다.
	□	② 혼자 오랫동안 일을 잘하는 편입니다.
8	□	① 공부하거나 일을 할 때 소리가 조금 있는 것이 좋습니다.
	□	② 공부하거나 일을 할 때 조용한 것이 좋습니다.
9	□	① 말이 빠르고 목소리가 큰 편입니다.
	□	② 천천히 작게 말하는 편입니다.
10	□	① 집에 있는 것보다 밖에서 노는 것이 좋습니다.
	□	② 밖에 나가는 것보다 집에 있는 것이 편합니다.

새롭다 to be new　제스처 gesture

2) ①이 더 많으면 E(Extraversion)형, ②가 더 많으면 I(Introversion)형 성격입니다. 여러분은 E형입니까, I형입니까? 여러분이 생각하는 자신의 성격과 비슷합니까?

E형	I형
• 말을 하면서 생각을 정리합니다. • 문제가 있거나 스트레스가 쌓일 때 다른 사람들과 이야기를 합니다. • 가끔 말 때문에 실수를 할 때가 있습니다. • I형을 보고 마음을 잘 알 수 없는 사람이라고 생각합니다.	• 생각을 정리하고 나서 말을 합니다. • 문제가 있거나 스트레스가 쌓일 때 혼자 시간을 보냅니다. • 속마음을 잘 표현하지 않습니다. • E형을 보고 말이 많은 사람이라고 생각합니다.

쓰기

여러분의 성격은 어떻습니까? 다음에 대해 이야기하고 써 보세요.
What is your personality like? Talk about the following and write it.

1) 여러분이 좋아하는 것과 싫어하는 것에 대해 이야기하고 [보기]와 같이 써 보세요.

좋아하는 것	싫어하는 것
• 새로운 사람을 만나는 것	• 혼자 여행하는 것
•	•
•	•
•	•
•	•

2) 위에서 이야기한 것으로 여러분의 성격에 대해 써 보세요.

정리(를) 하다 to organize; to put something in order　스트레스가 쌓이다 to get stressed　속마음 inner thoughts

과 제 Task

사진을 보고 외모와 성격을 묘사해 보세요.

Look at the pictures and describe the appearances and personalities.

팀별로 모여서 사진을 설명해 줄 사람을 한 명 정하세요. 설명할 사람은 선생님에게 사진을 받고 나머지 사람들은 그림 그릴 종이를 받으세요.

Choose a person who will give descriptions. The person will receive a photo from the teacher. Other team members will receive pieces of paper on which to draw.

사진을 받은 사람은 사진에 있는 사람의 외모와 성격에 대해서 자세히 설명하세요. 다른 사람들은 설명대로 그림을 그리면서 더 알고 싶은 것을 질문하세요.

The person who has a photo will describe the photo in detail. Other team members will make drawings of the descriptions and ask questions as needed.

그 사람은 남자예요? 여자예요?

이 사람은 여자인데 대학생처럼 보여요.

눈이 어떻게 생겼어요?

쌍꺼풀이 없고 좀 작은 편이에요.

키가 큰 편이에요?

크지도 않고 작지도 않아요. 보통이에요.

성격은 어때 보여요?

친절해 보여요. 지금 기분 좋게 웃고 있어요.

그림을 다 그린 후 사진과 그림을 비교해 보세요. 가장 비슷하게 그린 사람을 뽑아 보세요.

When you finish drawing, compare the photo with your drawing. Vote for one person who draws most similarly to the photo.

보통이다 to be average

문화 산책 Culture Note

준비 여러분은 누구를 닮았습니까?
Who do you take after?

알아보기

저는 아버지와 얼굴이 많이 닮은 편입니다. 아버지는 연세보다 젊어 보이시고 키도 저와 비슷합니다. 그런데 며칠 전에 한국 친구가 제 가족사진을 보고 이렇게 말했습니다. "너, 아버지하고 진짜 많이 닮았다. 완전히 붕어빵이네." 저는 그때 '붕어빵'이라는 말을 처음 들었는데 아주 재미있는 표현인 것 같습니다.

생각 나누기 여러분 나라에도 서로 닮은 사람을 가리키는 특별한 표현이 있습니까?
Are there expressions to describe people who resemble each other in your country?

완전히 completely　붕어빵 fish-shaped bread

발 음 Pronunciation

준비 들어 보세요. track 30
Listen to the following sentences.

1) 형이 참 젊네요.
2) 저는 아버지를 닮고 싶어요.

규칙 1. 받침 'ㄻ' 뒤에 자음이 오면 'ㅁ'만 발음됩니다.
When the final double consonant 'ㄻ' is followed by the initial consonant in the next syllable, only 'ㅁ' is pronounced.

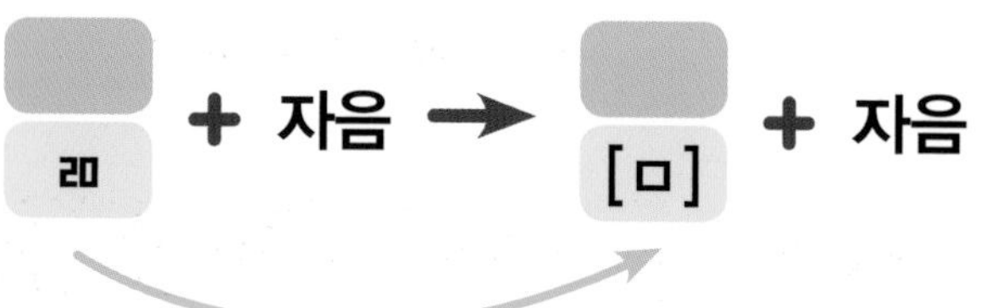

예] 닮는[담는]
젊네요[점네요]

2. 받침 'ㄻ' 뒤의 자음 'ㄱ, ㄷ, ㅅ, ㅈ'은 [ㄲ, ㄸ, ㅆ, ㅉ]으로 발음됩니다.
After the final consonant 'ㄻ', 'ㄱ, ㄷ, ㅅ, ㅈ' are pronounced as [ㄲ, ㄸ, ㅆ, ㅉ].

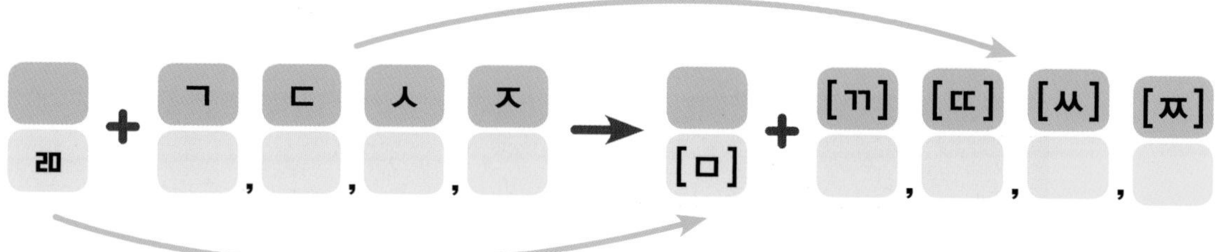

예] 닮고[담꼬]
젊다[점따]
젊습니다[점씀니다]
닮지[담찌]

연습 잘 듣고 따라 해 보세요. track 31
Listen carefully and repeat the following sentences.

1) 동생과 저는 닮지 않았어요.
2) 우리 할아버지는 참 젊게 사세요.
3) 아이는 부모를 닮는 것 같아요.
4) A 켈리 씨는 누구를 닮았어요?
B 눈은 아빠를 닮고 코는 엄마를 닮았어요.

자기 평가 Self-Check

1. 다음 중 아는 단어에 √ 하세요.
   Check all the words that you know.

☐ 쌍꺼풀이 있다	☐ 입술이 얇다	☐ 눈썹이 진하다	☐ 이마가 넓다
☐ 활발하다	☐ 내성적이다	☐ 꼼꼼하다	☐ 성격이 급하다
☐ 닮다	☐ 날씬하다	☐ 어리다	☐ 머리를 자르다

2. 알맞은 것을 골라 대화를 만들어 보세요.
   Complete each dialogue using the word in parentheses and the appropriate grammar form in the box.

–아/어 보이다	처럼[같이]	–는 편이다	–게

1) A 왜 이렇게 ______________________? (피곤하다)
   B 어제 잠을 잘 못 잤어요.

2) A 요즘 한국어 수업은 어때요?
   B 친구들이 재미있어서 아주 ____________ 공부하고 있어요. (즐겁다)

3) A 매운 음식 잘 먹어요?
   B 네, ______________________. (잘 먹다)

4) A 언제까지 한국어를 공부할 거예요?
   B ____________ 말할 수 있을 때까지 공부할 거예요. (한국 사람)

정답
2. 1) 피곤해 보여요 2) 즐겁게 3) 잘 먹는 편이에요 4) 한국 사람처럼

번 역 Translation

어휘

눈이 크다[작다]	to have big/small eyes
눈썹이 진하다[연하다]	to have thick/thin eyebrows
쌍꺼풀이 있다[없다]	to have/not have double eyelids
코가 높다[낮다]	to have high/flat nose
입이 크다[작다]	to have wide/small mouth
입술이 두껍다[얇다]	to have thick/thin lips
이마가 넓다[좁다]	to have wide/narrow forehead
어깨가 넓다[좁다]	to have broad/narrow shoulders
키가 크다[작다]	to be tall/short
활발하다	to be active; to be outgoing
내성적이다	to be introverted; to be reserved
꼼꼼하다	to be meticulous; to be detailed
남성적이다	to be masculine
여성적이다	to be feminine
성격이 급하다	to be hasty

말하기 1

Mariko This is my room.

Nana Wow, you have a lot of books. Is this a photo of your friends?

Mariko Yes. I took it last Christmas.

Nana You really look like you are enjoying yourself. Who is the person next to you, Mariko?

Mariko She is my best friend. We have been like sisters since we were young.

Nana Really? It seems that you look alike.

Mariko I've heard that a lot. That's because both of us have broad foreheads and big eyes.

Nana Are your personalities also similar?

Mariko No, our personalities are totally different. I am outgoing, but my friend is reserved.

말하기 2

Steven What's your ideal type, Kelly?

Kelly I like an outgoing person because I am kind of quiet. It is even better if that person is humorous.

Steven Really? I know someone nice, would you like to meet him?

Kelly What is he like?

Steven He is my Korean friend who helped me a lot when I studied Korean. He is outgoing and humorous. I think you will make a good couple.

Kelly Really? Is he a student?

Steven No, he is a company employee. Meet him once, and don't take it too seriously.

Kelly All right. Then get in touch with me later.

13 주변이 조용해서 살기 좋아요

Living conditions are good because the neighborhood is quiet

학 습 목 표

어 휘	• 주거 Living • 생활비 Living expenses
문법과 표현 1	• A/V-(으)ㄹ지 모르겠다 • A/V-기는 하지만
말하기 1	• 주거 조건 설명하기 Explaining living conditions
문법과 표현 2	• A/V-기 때문에, N(이)기 때문에 • V-기(가) A
말하기 2	• 집 구하기 Finding a place to live
듣고 말하기	• 주거 환경에 대한 대화 듣기 Listening to a conversation about living conditions • 임대 조건에 대한 전화 대화 듣기 Listening to a telephone conversation about the terms of a rental • 집에 대해 문의하기 Inquiring about a place to live
읽고 쓰기	• 지금 사는 집에 대한 글 읽기 Reading a passage about the place you now live • 지금 사는 집에 대한 글 쓰기 Writing a passage about the place you now live
과 제	• 조건에 맞는 룸메이트 찾기 Finding the perfect roommate
문화 산책	• 한옥 Traditional Korean-style houses
발 음	• 유기음화 2 Aspiration 2

어 휘 Vocabulary

1. 여러분은 지금 어떤 집에 살고 있습니까?
   What kind of place are you living in now?

기숙사

아파트

주택

빌라

원룸

오피스텔

2. 그림을 보고 빈칸에 알맞은 단어를 골라 쓰세요.
   Choose the correct word from the box and fill in each blank in the picture.

방	거실	부엌	화장실	베란다	현관

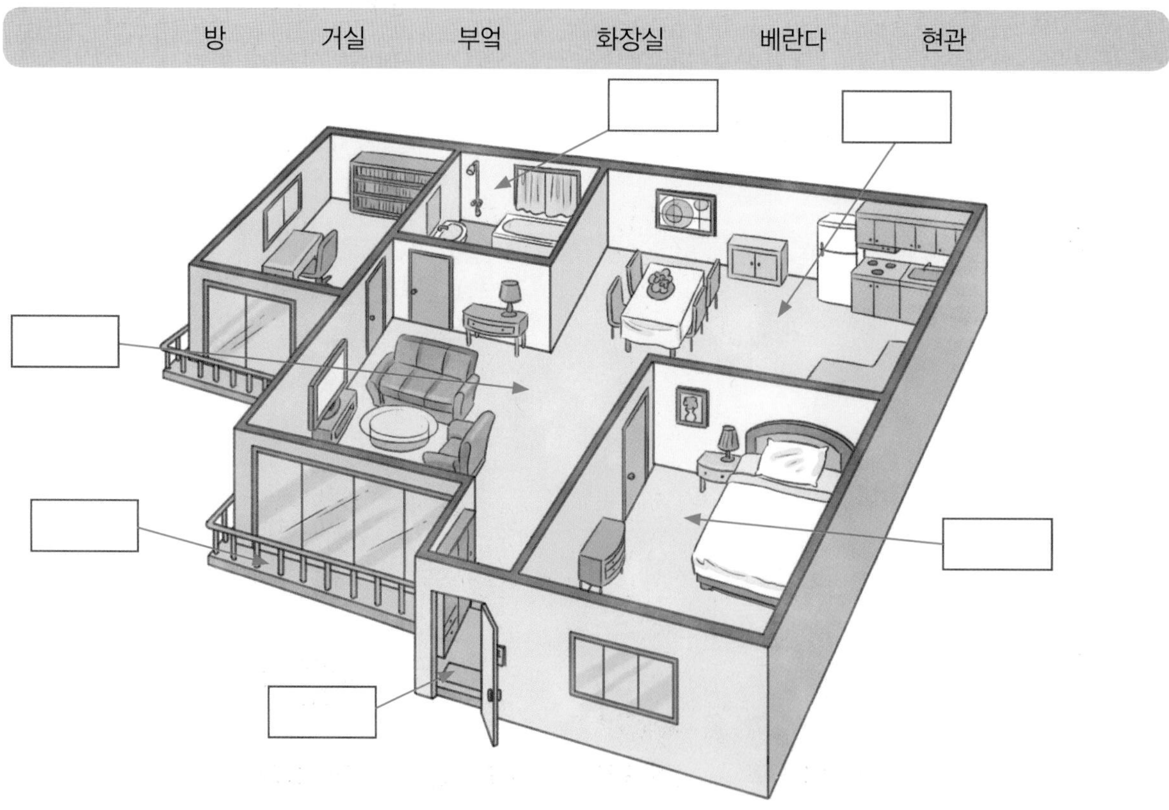

3. 여러분은 집을 구할 때 중요하게 생각하는 것이 무엇입니까? 중요한 것부터 순서대로 1에서 8까지 순위를 매겨 보세요.

What are your priorities when you look for a place to live? Prioritize the list below from 1 to 8.

◯	방이 넓다	◯	교통이 편리하다
◯	방값이 싸다	◯	주변이 조용하다
◯	새로 지었다	◯	전망이 좋다
◯	시설이 잘되어 있다	◯	집주인이 좋다

4. 여러분은 어디에 돈을 제일 많이 씁니까? [보기]와 같이 이야기해 보세요.

Where do you spend the most money? Talk about your expenses as shown in the example.

문법과 표현 1 Grammar and Expression 1

1. A/V-(으)ㄹ지 모르겠다

 track 32

A 이사해야 하는데 어디가 좋을지 모르겠어요.

B 부동산에 가서 한번 물어보세요.

예

- 이 옷이 맞**을지 모르겠어요**.
- 히엔 씨 선물을 샀는데 좋아**할지 모르겠어요**.
- 요즘 하숙집이 별로 없어서 구할 수 있**을지 모르겠어요**.
- 오늘 집에 몇 시까지 갈 수 있**을지 모르겠어요**.

연습1 그림을 보고 [보기]와 같이 이야기해 보세요.
Create a dialogue for each picture as shown in the example.

보 기

제가 만들었는데 맛이 있을지 모르겠어요.

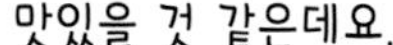

부동산 real estate 하숙집 boarding house 구하다 to find; to seek

2. A/V-기는 하지만

 track 33

A 지금 살고 있는 집은 어때요?

B 역이 가까워서 편하기는 하지만 좀 시끄러워요.

- 이 식당은 음식이 맛있**기는 하지만** 값이 비싸요.
- 히엔 씨, 떡볶이 좋아해요?
  – 가끔 먹**기는 하지만** 좋아하지는 않아요.

연습1 [보기]와 같이 이야기해 보세요.
Ask each other questions and respond as shown in the example.

보 기

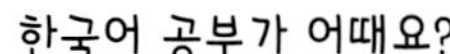

한국어 공부가 어때요?	한국 교통이 어때요?	외국 생활이 어때요?
요즘 기분이 어때요?	요즘 건강이 어때요?	한국 음식이 어때요?

시끄럽다 to be noisy

말하기 1 Speaking 1

track 34

나 나	학교 근처로 이사하고 싶은데 괜찮은 집이 있을지 모르겠어요.
줄리앙	왜요? 지금 사는 집이 마음에 안 들어요?
나 나	지금 사는 집은 방이 넓어서 좋기는 하지만 학교에서 너무 멀어요.
줄리앙	그래요? 그럼 학교 근처에 있는 부동산에 한번 가 보세요.
나 나	그렇지 않아도 수업 후에 가 보려고요.
줄리앙	어떤 집을 구하는데요?
나 나	시설이 잘되어 있는 원룸을 구했으면 좋겠어요.
줄리앙	요즘 새로 지은 원룸이 많으니까 쉽게 구할 수 있을 거예요.

연습1

1)
- 괜찮은 집이 있다
- 방이 넓어서 좋다
- 학교에서 너무 멀다
- 시설이 잘되어 있는 원룸

2)
- 마음에 드는 집을 구할 수 있다
- 주변이 조용해서 괜찮다
- 교통이 불편하다
- 월세가 좀 싼 방

그렇지 않아도 as a matter of fact 월세 monthly rent

연습2 여러분은 지금 어떤 집에 살고 있습니까? 친구들과 이야기해 보세요.
What type of house are you living in now? Talk about it with your classmates.

지금 어떤 집에 살고 있어요?

저는 원룸에 살고 있어요.

집이 마음에 들어요?

네, 방이 좁기는 하지만
깨끗한 편이에요.

관리비는 얼마쯤 나와요?

한 달에 삼만 원쯤 나와요.

· · ·

● 사는 집

● 집과 주변 환경

방값	교통	관리비
주변 환경	방 크기	?

주변 환경 surrounding; neighborhood 크기 size

문법과 표현 2 Grammar and Expression 2

1. A/V-기 때문에, N(이)기 때문에

 track 35

A 언제까지 집을 구해야 해요?

B 5월에 계약이 끝나기 때문에 그 전에 집을 구해야 해요.

예

- 집에서 학교까지 멀**기 때문에** 아침에 일찍 나와야 합니다.
- 추석에는 많은 사람들이 고향에 가**기 때문에** 길이 많이 막힙니다.
- 요즘 방학**이기 때문에** 시간이 많습니다.

연습1 A와 B에서 알맞은 것을 골라 [보기]와 같이 이야기해 보세요.
Make sentences using the phrases from column A and B as shown in the example.

보 기

지금 사는 집이 어때요?

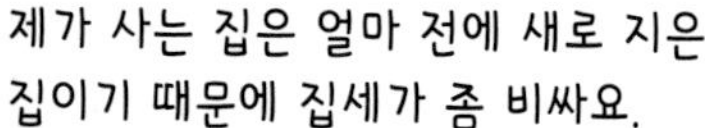

A
새로 지은 집이다
지하철역에서 가깝다
바로 옆에 산이 있다
기숙사이다
높은 곳에 있다

B
전망이 좋다
집세가 비싸다
시끄럽게 떠들면 안 되다
공기가 좋다
교통이 편리하다

계약 contract 바로 closely; right 떠들다 to make noise 공기 air

2. V-기(가) A

 track 36

A 새로 이사한 집은 어때요?

B 주변에 시장도 있고 지하철역도 가까워서 살기 편해요.

- 요즘 춥지 않아서 운동하**기가 좋아요**.
- 발이 아파서 걷**기 힘들어요**.

연습1 다음을 이용해서 [보기]와 같이 말해 보세요.
Create sentences using the pictures and adjectives below as shown in the example.

보 기

노트북이 있으면 숙제하기가 편해요.

지금 휴대 전화가 없어서 친구와 연락하기가 불편해요.

쉽다	어렵다	좋다	나쁘다
힘들다	불편하다	편하다	?

말하기 2 Speaking 2

track 37

중개인 어서 오세요.

아키라 원룸을 하나 찾고 있는데요.

중개인 언제쯤 이사하실 계획인가요?

아키라 두 달 후에 집 계약이 끝나기 때문에 그 전에 이사했으면 좋겠어요.

중개인 아, 그러세요? 마침 좋은 원룸이 하나 있는데 근처에 공원도 있고 주변이 조용해서 살기 좋아요.

아키라 집세는 어떻게 돼요?

중개인 전세는 7,000만 원이고 월세는 보증금 1,000만 원에 50만 원이에요.

아키라 좀 비싸네요.

중개인 좀 비싸기는 하지만 깨끗하고 시설도 잘되어 있기 때문에 마음에 드실 거예요. 한번 구경해 보세요.

아키라 네, 그럼 보고 결정할게요.

연습1

1)
- 집 계약이 끝나다
- 주변이 조용하다
- 살다 / 좋다
- 깨끗하고 시설도 잘되어 있다

2)
- 이 근처로 회사를 옮기다
- 큰 시장이 있다
- 장을 보다 / 편하다
- 새로 지은 집이다

마침 in time　전세 long term deposit lease　보증금 security deposit　결정하다 to decide　회사를 옮기다 to move to another company　장을 보다 to shop for (groceries)

연습2 이사할 집을 구하려고 합니다. 먼저 구하고 싶은 집의 조건을 메모하고 이야기해 보세요.
You are looking for a place. Write your preferred specifications for housing and practice conversations.

어서 오세요. 어떤 집을 찾으세요?

학교에서 가까운 원룸을 구하고 있는데요.

방값은 얼마 정도 생각하세요?

월세가 50만 원 이하면 좋겠어요.

언제쯤 이사할 계획이세요?

· · ·

집의 종류	원룸	
계약 기간	1년	
방값	월세 50만 원 이하	
위치	학교 근처	
기타	인터넷이 되는 곳	

이하 less than 위치 location 기타 and so on

듣고 말하기 Listening and Speaking

준비 지금 살고 있는 집의 좋은 점과 나쁜 점은 무엇입니까?
What are the advantages and disadvantages of the residence you live in now?

시설 | 교통편 | 주변 환경 | ?

듣기1 잘 듣고 질문에 답하세요. track 38
Listen carefully and answer the questions.

1) 여자의 집에 대한 설명으로 맞는 것을 모두 고르세요.

① 집세가 싸다
② 집이 깨끗하다
③ 방이 어둡다
④ 시설이 안 좋다
⑤ 지하철역이 가깝다
⑥ 근처에 공원이 있다

2) 남자에 대한 설명으로 맞지 않는 것을 고르세요.

① 지금 기숙사에 살고 있습니다.
② 생활비 때문에 이사하려고 합니다.
③ 아직 이사할 집을 구하지 못했습니다.

준비 다음은 무엇에 대한 광고입니까?
What is this advertisement for?

매매 buying and selling

듣기2 잘 듣고 빈칸에 알맞은 말을 쓰세요. track 39
Listen carefully and fill in the blanks.

원룸

- 위치 : 하나빌딩 3층 서울대학교에서 걸어서 ______분 거리
- ______ 1000만 원, ______ 35만 원
- 관리비 : 5만 원 정도 (______, ______ 포함)
- 침대, 책상, 냉장고, 에어컨 있음

말하기 아래 광고를 보고 전화로 이야기해 보세요.
Look at the advertisements and call the real estate agency.

여보세요? 원룸 광고 보고 전화 드렸는데요.

아, 네. 어떤 방을 찾으세요?

· · ·

원룸
- 지하철역 5분 거리
- 보증금 : 1000만 원
- 월세 : 40만 원
- 방이 넓고 깨끗함

※침대, 책상, 냉장고, 에어컨 있음

원룸 전세
- 서울대학교 근처
- 보증금 : 4000만 원

※침대, 에어컨 있음
※인터넷 무료 사용

고시원(1인실)
- 서울대학교 앞
- 월세 : 25만 원

※침대, 옷장, 책상
※인터넷 무료

고시원 examination preparation housing

읽고 쓰기 Reading and Writing

준비 여러분은 어떻게 집을 구했습니까?
How did you find a place to live?

읽기 다음을 읽고 질문에 답하세요.
Read the passage and answer the following questions.

지금 살고 있는 집

저는 지금 원룸에 살고 있습니다. 처음에 학교 기숙사에 살고 싶었지만 빈방이 없었습니다. 학교 기숙사가 값이 싸고 생활하기가 편하기 때문에 기숙사에 살고 싶어 하는 학생들이 많습니다. 그래서 하숙집을 알아봤는데 구하기가 쉽지 않았습니다. 하숙집이 대부분 원룸으로 바뀌었기 때문입니다. 어떻게 해야 할지 몰라서 걱정을 했는데 친구가 지금 사는 원룸을 소개해 주었습니다. 이 집은 학교에서 좀 멀기는 하지만 새로 지어서 시설이 잘되어 있습니다. 그리고 주변이 조용해서 공부하기가 좋습니다. 또 어려운 일이 있을 때마다 집주인 아주머니가 가족처럼 도와주셔서 참 좋습니다. 나중에 고향 친구가 한국에 유학을 오면 이 집을 소개해 주고 싶습니다.

대부분 mostly 바뀌다 to be changed 유학 studying abroad

1) 이 사람이 지금 살고 있는 집에 대한 설명으로 맞지 <u>않는</u> 것을 고르세요.

① 시설이 좋다

② 집주인이 좋다

③ 학교에서 가깝다

2) 이 글의 내용과 같은 것을 고르세요.

① 친구가 하숙집을 소개해 주었습니다.

② 요즘 하숙집을 찾기가 쉽지 않습니다.

③ 이 사람은 처음에 기숙사에 살았습니다.

쓰기 지금 살고 있는 집은 어떻게 구했습니까? 그 집은 어떻습니까? 써 보세요.

How did you find your place? How is it? Write about the place you live now.

과 제 Task

조건에 맞는 룸메이트를 구하고 주거 규칙을 정해 보세요.
Find an appropriate roommate and decide on your house rules.

 룸메이트를 찾는 사람과 집을 구하는 사람을 정하세요.
Take the role of person who is looking for a roommate, or a person who is looking for a place.

 룸메이트를 찾는 사람은 광고지를 만들어 벽에 붙이고 집을 구하는 사람은 찾는 집의 조건을 메모하세요.
A person who is looking for a roommate will create an advertisement and post it on the wall.
A person who is looking for a place will make a list of things that they are looking for in a house.

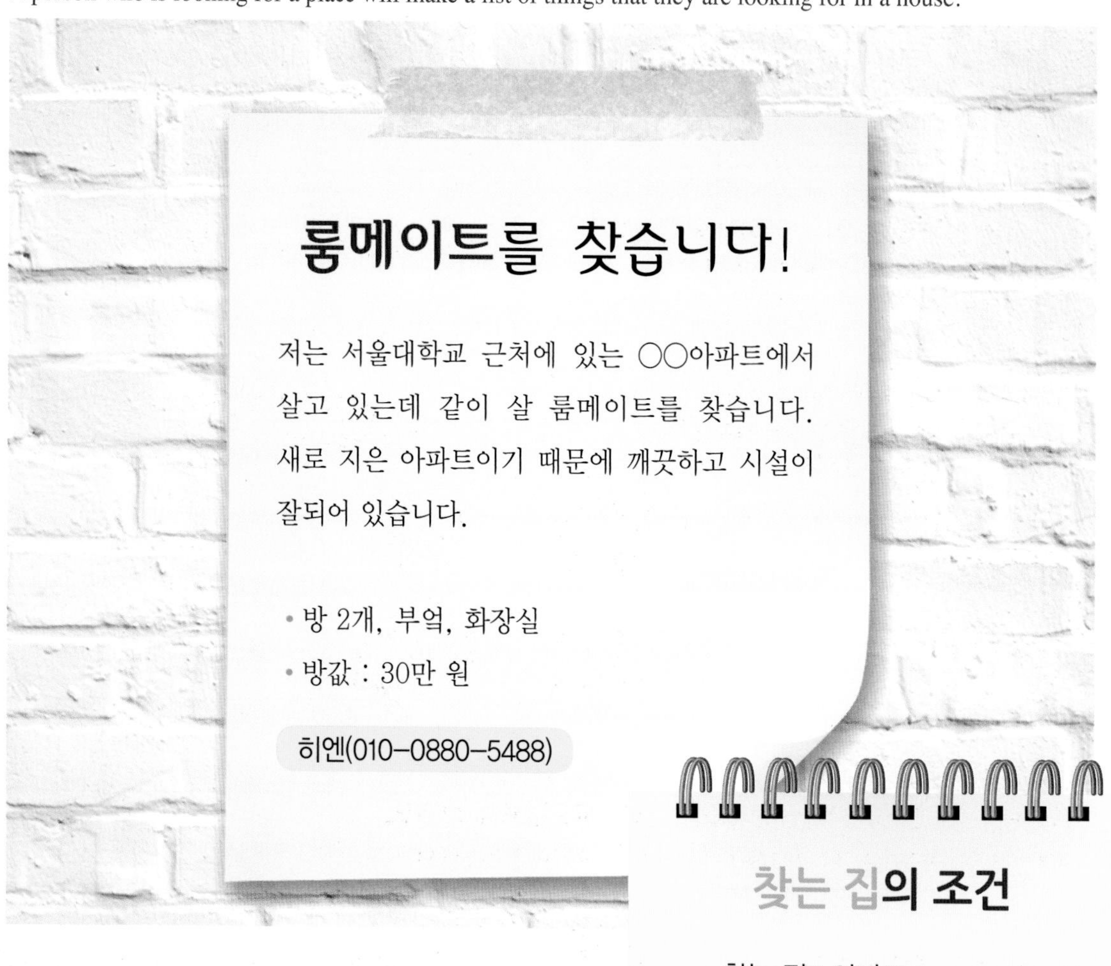

조건 condition

서로의 주거 조건에 대해 이야기하고 룸메이트를 정해 보세요.

Talk about what you are looking for in a house and find a roommate.

룸메이트 찾는 광고 보고 왔는데요.

네, 궁금한 것이 있으면 물어보세요.

집이 학교에서 가까워요?

네, 걸어서 10분 쯤 걸려요.

· · ·

저는 집 안에서 담배 피우는 것을 싫어하는데 혹시 담배 피우세요?

아니요, 안 피워요.

잘됐네요. 그리고 관리비가 한 달에 10만 원쯤 나오는데 반씩 내면 어때요?

네, 좋아요. 그런데 관리비에 뭐가 포함돼요?

· · ·

여러분이 구한 집의 주거 규칙과 조건에 대해 발표해 보세요.

Present the rules and specifics of house that you found to the class.

저는 나나 씨와 룸메이트입니다. 이 집은 월세가 좀 비싸기는 하지만 집에서 학교까지 걸어서 갈 수 있기 때문에 생활비가 많이 들지 않아서 좋습니다.

관리비가 한 달에 10만 원쯤 나오는데 5만 원씩 내기로 했습니다. 청소는 일요일마다 같이 하기로 했습니다.

문화 산책 Culture Note

준비 어디에서 한옥을 볼 수 있습니까?
Where can you see Korean traditional houses?

알아 보기

지난 주말에 북촌 한옥마을에 사는 친구 집에 놀러 갔습니다. 남산 한옥마을과 민속촌에서 한옥을 보기는 했지만 사람이 살고 있는 한옥에는 처음 가 봤습니다. 밖은 아주 더웠는데 집 안은 바람이 잘 통해서 시원했습니다. 한옥은 보통 아파트에서 느낄 수 없는 특별한 분위기가 있었습니다. 저도 나중에 한옥에서 한번 살아 봤으면 좋겠습니다.

생각 나누기 여러분 나라의 전통 집은 어떻습니까? 친구들에게 소개해 주세요.
What are traditional houses like in your country? Introduce them to the class.

민속촌 folk village 바람이 통하다 to be ventilated

발 음 Pronunciation

준비 들어 보세요. track 40
Listen to the following sentences.

1) 생일 축하해요.
2) 깨끗한 집을 찾고 있어요.

규칙 받침소리 [ㄱ, ㄷ, ㅂ]은 뒤에 오는 'ㅎ'과 합쳐져서 [ㅋ, ㅌ, ㅍ]으로 발음됩니다.
When the final consonant sounds [ㄱ, ㄷ, ㅂ] are followed by the initial consonant 'ㅎ', the sounds of 'ㄱ, ㄷ, ㅂ' combine with the initial 'ㅎ' and are pronounced as [ㅋ, ㅌ, ㅍ].

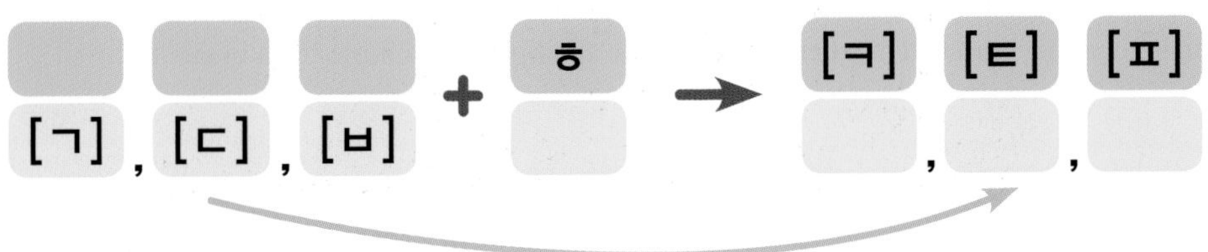

예] 예약하세요[예야카세요]
깨끗해요[깨끄태요]
입학[이팍]

연습 잘 듣고 따라 해 보세요. track 41
Listen carefully and repeat the following sentences.

1) 입학을 축하합니다.
2) 그 신발이 이 옷하고 잘 어울려요.
3) 이 시간에는 길이 많이 막혀.
4) A 반찬이 없는데 어떡하죠?
B 밥하고 김치만 있으면 돼요.

입학 entrance into school

자기 평가 Self-Check

1. 다음 중 아는 단어에 ✓ 하세요.
Check all the words that you know.

☐ 주택	☐ 기숙사	☐ 거실	☐ 현관
☐ 부동산	☐ 계약	☐ 집세	☐ 교통비
☐ 전망이 좋다	☐ 주변이 조용하다	☐ 새로 지었다	☐ 시설이 잘되어 있다

2. 알맞은 것을 골라 대화를 만들어 보세요.
Complete each dialogue using the word in parentheses and the appropriate grammar form in the box.

-(으)ㄹ지 모르겠다	-기는 하지만	-기 때문에	-기(가)

1) A 내일 시험이지요? 시험 잘 보세요.
B 네. 그런데 공부를 많이 못 해서 ______________________. (잘 볼 수 있다)

2) A 오늘 왜 학교에 안 갔어요?
B ______________________ 수업이 없어요. (방학이다)

3) A 왜 이사하려고 해요?
B 집이 너무 멀어서 학교 ______________ 불편해요. (다니다)

4) A 운동 자주 하세요?
B 아니요. ______________________ 시간이 없어서 자주 못 해요. (좋아하다)

정답

2. 1) 시험을 잘 볼 수 있을지 모르겠어요 2) 방학이기 때문에 3) 다니기가 4) 좋아하기는 하지만

번 역 Translation

어휘

기숙사	dormitory
아파트	apartment
주택	house
빌라	villa
원룸	studio apartment
오피스텔	office with kitchen and sleeping facilities
방	room
거실	living room
부엌	kitchen
화장실	bathroom
베란다	veranda
현관	front entrance
방이 넓다	to have a spacious room
방값이 싸다	to have cheap rent
새로 지었다	to be newly built
시설이 잘되어 있다	to have good facilities
교통이 편리하다	to have convenient transportation
주변이 조용하다	to have quiet surroundings
전망이 좋다	to have a good view
집주인이 좋다	to have a nice landlord
집세	rent
식비	food expenses
교통비	transportation expenses
관리비	maintenance fee
전기 요금	electric bill
가스 요금	gas bill
수도 요금	water bill
전화 요금	telephone bill

말하기 1

Nana I would like to move near to school. I wonder if there is a good place and clean house.

Julian Why? You don't like the place where you live now?

Nana The place where I live now is good because the room is spacious, but it is too far from school.

Julian Really? Then, go to the real estate office near school.

Nana As the matter of fact, I am planning to go after class.

Julian What kind of place are you looking for?

Nana I wish I could find a studio apartment with good facilities.

Julian You will find one easily because recently there are many new studio apartment.

말하기 2

Real estate agent	Please come in.
Akira	I am looking for a studio.
Real estate agent	When are you planning to move in?
Akira	My house contract is over in two months so I would like to move in before that.
Real estate agent	Oh, would you? You're here at just right time. There is a vacancy right now. It has good living conditions because there is a park nearby and quiet neighborhood.
Akira	How much is the rent?
Real estate agent	A long term deposit lease is 70,000,000 won. For monthly rent, the security deposit is 10,000,000 won and the monthly rent is 500,000 won.
Akira	It is a little expensive.
Real estate agent	It is a little expensive, but you will like it because it is clean and the facilities are good. Please take a look around.
Akira	Okay, then I'll take a look and decide.

14 여기서 사진을 찍어도 돼요?

May I take a picture here?

학 습 목 표

어 휘	• 예절 Etiquette • 공중도덕 Public etiquette
문법과 표현 1	• V-(으)ㄴ 적(이) 있다[없다] • A/V-았을/었을 때
말하기 1	• 실수한 경험 말하기 Talking about mistakes in the past
문법과 표현 2	• V-아도/어도 되다 • V-(으)면 안 되다
말하기 2	• 예절 설명하기 Explaining etiquette
듣고 말하기	• 공연장 안내 방송 듣기 Listening to an announcement in a concert hall • 기숙사 규칙에 대한 대화 듣기 Listening to a conversation about rules in the dormitory • 공중도덕에 대해 말하기 Talking about public etiquette
읽고 쓰기	• 문화 차이에 대한 글 읽기 Reading a passage about cultural differences • 문화 차이에 대한 글 쓰기 Writing a passage about cultural differences
과 제	• 경험 발표하기 Presenting interesting experiences
문화 산책	• 경로 우대 Respect for senior citizens
발 음	• 경음화 3 Glottalization 3

어 휘 Vocabulary

1. 다음 중 한국에서 어른들께 하면 안 되는 것에 ✓ 하세요.
Check those which are not appropriate ways to act toward one's seniors in Korea.

☐ 반말을 해요 ☐ 이름을 불러요 ☐ 높임말[존댓말]을 해요

☐ 한 손으로 받아요

☐ 자리를 양보해요

☐ 두 손으로 드려요

☐ 다리를 꼬고 앉아요

☐ 고개를 돌리고 마셔요

☐ 고개를 숙여서 인사해요

2. 다음 그림에 들어갈 표지판은 무엇입니까? 그림을 보고 [보기]와 같이 말해 보세요.

Which sign can be used in each situation? Look at the pictures and make sentences as shown in the examples.

금연

주차 금지

사진 촬영 금지

음식물 반입 금지

휴대 전화 사용 금지

보 기

여기는 음식물 반입 금지입니다.

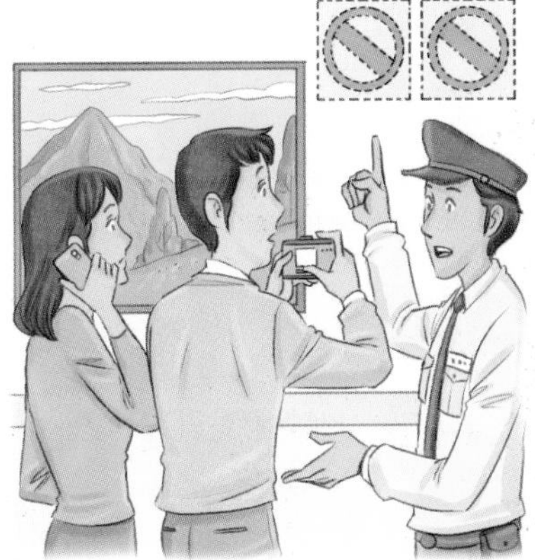

문법과 표현 1 Grammar and Expression 1

1. V-(으)ㄴ 적(이) 있다[없다]

A 한국어를 잘 몰라서 실수한 적이 있어요?

B 그럼요. 실수한 적 많아요.

예
- 저 사람을 전에 만난 **적이 있어요.**
- 한국어로 쓴 소설책을 읽어 **본 적이 있어요?**
- 저는 그런 이야기를 들은 **적이 없어요.**

연습1 그림을 보고 [보기]와 같이 한국에서 어떤 경험을 했는지 이야기해 보세요.
Look at the pictures and talk about your experiences in Korea as shown in the example.

보 기

실수하다 to make a mistake

2. A/V-았을/었을 때

track 43

A 어른을 만나면 어떻게 인사해야 돼요?

B 어른을 만났을 때는 고개를 숙여서 인사해야 돼요.

예

- 어렸**을 때** 한국에 와 본 적이 있어요.
- 제가 교실에 도착**했을 때** 사람이 없었어요.
- 저녁을 다 먹**었을 때** 친구한테서 전화가 왔어요.

연습1 [보기]와 같이 이야기해 보세요.
Ask each other questions and respond as shown in the example.

보 기

한국에 처음 왔을 때 어땠어요?

한국에 처음 왔을 때는 한국어를 전혀 못 해서 좀 힘들었어요.

한국에 처음 왔을 때

처음 외국 여행을 했을 때

한국어 공부를 처음 시작했을 때

_______ 씨를 처음 봤을 때

?

말하기 1 Speaking 1

track 44

스티븐 한국어는 참 어려운 것 같아.
유 진 너 한국어 잘하는데 왜?
스티븐 아니야. 오늘 병원에 갔을 때 한국어를 잘못해서 창피한 일이 있었어.
유 진 무슨 일이 있었는데?
스티븐 의사 선생님을 '의사님'이라고 불러서 사람들이 웃었어.
유 진 나도 가끔 처음 만난 사람을 뭐라고 불러야 할지 몰라서 어려울 때가 있어.
스티븐 너도 한국어 때문에 실수한 적 있어?
유 진 물론이지. 그래도 실수하면서 배운 것은 안 잊어버려서 좋아.

연습1

1)
- 병원에 갔다
- 의사 선생님 / 의사님
- 처음 만난 사람을 뭐라고 불러야 하다
- 한국어 때문에 실수하다

2)
- 집주인을 만났다
- 집주인 아저씨 / 주인님
- 높임말을 어떻게 써야 하다
- 한국어를 잘못해서 당황하다

물론이다 of course

연습2 한국에 살면서 한국어를 잘 몰라서 실수하거나 곤란했던 일을 이야기해 보세요.
Talk about your experiences of mistakes or difficulties you have had because of Korean language.

_________ 씨는 한국에 처음 왔을 때 어땠어요?

한국어를 전혀 못 해서 좀 힘들었어요.

한국어를 잘 몰라서 실수한 적이 있어요?

그럼요. 많아요.

어떤 일이 있었는데요?

· · ·

문법과 표현 2 Grammar and Expression 2

1. V-아도/어도 되다

 track 45

A 이 컴퓨터 써도 돼요?
B 네, 써도 돼요.

예

- 다 한 사람은 먼저 **가도 돼요**.
- 밤에 전화**해도 돼요**?
- 여기서 사진 찍**어도 돼요**?
  - 네, 찍**어도 돼요**.

연습1 그림을 보고 [보기]와 같이 이야기해 보세요.
Create a dialogue for each picture as shown in the example.

보 기

여기 앉아도 돼요?

네, 앉으세요.

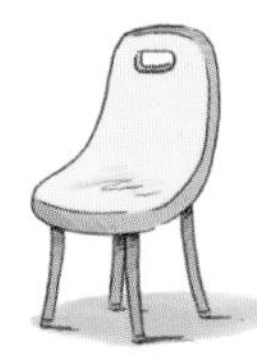

쓰다 to use

2. V-(으)면 안 되다

A 여기서 사진을 찍어도 돼요?

B 아니요, 여기에서 사진을 찍으면 안 됩니다.

- 여기에서는 담배를 피우**면 안 됩니다**.
- 교실에서 음식을 먹**으면 안 돼요**.

연습1 그림을 보고 [보기]와 같이 상황에 맞게 이야기해 보세요.
Make a sentence for each situation illustrated by the pictures as shown in the example.

보 기

말하기 2 Speaking 2

track 47

스티븐　한국은 어른에 대한 예절이 좀 복잡한 것 같아요.

마리코　맞아요. 어른 앞에서 하면 안 되는 것이 많지요?

스티븐　네, 오늘 할아버지 앞에서 다리를 꼬고 앉아서 야단맞았어요.

마리코　한국에서는 어른 앞에서 다리를 꼬고 앉으면 안 돼요.

스티븐　저도 아는데 우리 나라에서는 그렇게 해도 괜찮아서 자꾸 잊어버려요. 일본 문화는 한국 문화와 많이 비슷하지요?

마리코　비슷한 것도 있지만 다른 것도 많아요.

스티븐　뭐가 다른데요?

마리코　한국에서는 어른 앞에서 술을 마실 때 고개를 돌리고 마셔야 하지만 일본에서는 그냥 마셔도 돼요.

스티븐　그래요? 가까운 나라지만 문화는 다르네요.

연습1

1)
- 다리를 꼬고 앉다
- 어른 앞에서 술을 마시다
- 고개를 돌리고 마시다
- 그냥 마셔도 되다

2)
- 담배를 피우다
- 밥을 먹다
- 밥그릇을 놓고 먹다
- 그릇을 들고 먹다

에 대한 about; concerning　예절 etiquette　야단(을) 맞다 to get a scolding　밥그릇 rice bowl　들다 to lift

연습2 그림과 같은 상황에서 해도 되는 것과 하면 안 되는 것을 여러분 나라와 비교해서 말해 보세요.

Talk about things you may do or should not do in the following situations in Korea, compared with your country.

. . . .

듣고 말하기 Listening and Speaking

준비 공연장에서 하면 안 되는 것은 무엇입니까?
What should you not do in a concert hall?

듣기1 잘 듣고 맞지 <u>않는</u> 것을 고르세요. track 48
Listen carefully and choose the statement that is different from the announcement.

① 공연장 안은 음식물 반입 금지입니다.

② 공연이 시작하면 밖으로 나가면 안 됩니다.

③ 공연장에 휴대 전화를 가지고 들어갈 수 없습니다.

준비 여러분 나라의 기숙사에서 해도 되는 것과 하면 안 되는 것은 무엇입니까?
What are some things that you may do and some things that you should not do in a dormitory in your country?

듣기2 잘 듣고 질문에 답하세요. track 49
Listen carefully and answer the questions.

1) 기숙사에서 해도 되는 것은 무엇입니까?

① 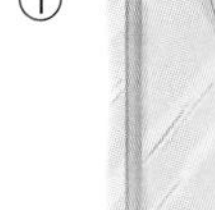 

②  

③ 

2) 맞는 것을 고르세요.

① 기숙사 식당은 월요일부터 토요일까지 문을 엽니다.

② 기숙사에 살지 않는 사람은 기숙사에 들어올 수 없습니다.

③ 기숙사에 사는 사람은 운동 시설을 무료로 이용할 수 있습니다.

말하기 다음 장소에서 해도 되는 것과 하면 안 되는 것을 이야기해 보세요.
Talk about things that are allowed and things that are prohibited in the following places.

지하철에서 전화를 해도 되나요?

네, 해도 돼요. 하지만 너무 큰 소리로 통화하면 안 돼요.

지하철에서 음식을 먹으면 안 되나요?

물론이지요. 지하철에서 음식을 먹으면 안 돼요.

• • •

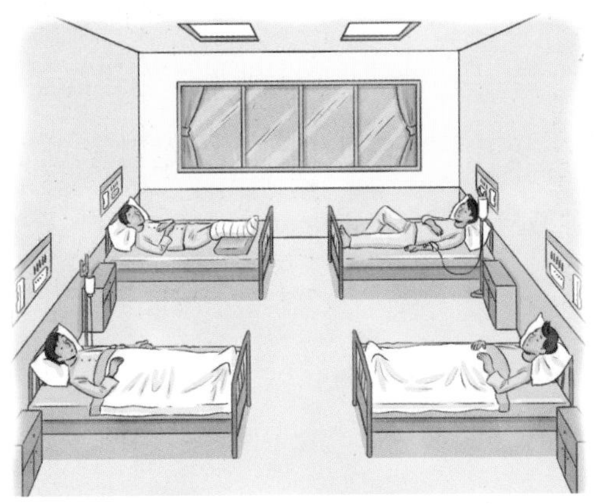

읽고 쓰기 Reading and Writing

준비 여러분은 한국에서 문화 차이를 느낀 적이 있습니까?
Have you felt cultural differences in Korea?

읽기 다음을 읽고 질문에 답하세요.
Read the passage and answer the following questions.

우리 나라에서는 다른 사람의 머리를 만지면 안 돼요

한국 문화는 우리 나라 문화와 많이 다릅니다. 한국에 처음 왔을 때 지하철에서 어떤 할머니가 앞에 있는 아이의 머리를 쓰다듬는 것을 보고 놀란 적이 있습니다. 우리 나라에서는 다른 사람의 머리를 만지면 안 됩니다. 머리는 그 사람의 영혼이 있는 곳이기 때문입니다. 그런데 한국에서는 아이를 칭찬할 때 머리를 쓰다듬는 사람들이 많습니다. 그리고 우리 나라에서는 밥을 먹거나 다른 사람에게 물건을 줄 때 왼손으로 주면 안 됩니다. 하지만 한국에서는 상관없습니다. 이렇게 문화가 달라서 가끔 당황할 때가 있기는 하지만 외국에서 생활을 해 보면 그 나라의 문화를 잘 이해할 수 있어서 좋은 것 같습니다.

어떤 some; certain 쓰다듬다 to pat; to touch 영혼 soul 칭찬하다 to compliment 상관없다 to not matter

1) 이 글의 내용과 같지 않은 것을 고르세요.

① 이 사람은 문화가 달라서 당황한 적이 있습니다.

② 이 사람의 나라에서는 왼손으로 물건을 주지 않습니다.

③ 이 사람은 할머니가 자신의 머리를 만져서 놀랐습니다.

2) 이 글을 쓴 사람의 나라에서는 왜 다른 사람의 머리를 만지면 안 됩니까?

______________________________.

쓰기 한국에 와서 느낀 문화 차이가 있습니까? 여러분 나라와 한국의 문화 차이에 대해서 써 보세요.

Have you felt cultural differences in Korea? Write about cultural differences between your country and Korea.

자신 oneself

과 제 Task

한국에서 경험한 일을 이야기해 보세요.

Talk about experiences that you have had in Korea.

카드를 받고 카드에 적힌 경험이 있는 사람을 찾으세요. (활동지 → p.228)

Take a card and find a person who has the same experience as written on the card.

가방을 잃어버린 적이 있다

그 사람의 경험에 대해서 좀 더 자세히 물어보세요.

Ask your classmates questions about their experiences in more detail.

언제, 어디에서 가방을 잃어버렸어요?

작년에 부산에 여행 갔을 때 잃어버렸어요.

가방에 뭐가 있었어요?

지갑과 여권이 있었어요.

그래서 어떻게 했어요?

가장 기억에 남는 경험을 한 친구는 누구입니까? 그리고 그 친구의 경험에 대해 발표해 보세요.

Who had the most memorable experience? Present their experience to the class.

__________ 씨는 한국에서 가방을 잃어버린 적이 있습니다. 작년에 부산 여행을 갔을 때 부산역 근처에서 가방을 잃어버렸습니다. 가방 안에는…….

문화 산책 Culture Note

준비 여러분은 지하철이나 버스에서 다음과 같은 그림을 본 적이 있습니까? 무슨 뜻입니까?
Have you seen the following signs in the bus or subway? What do they represent?

알아 보기

한국은 지하철이나 버스에 할아버지나 할머니, 몸이 불편한 사람들을 위한 자리가 있습니다. 젊은 사람들은 이 자리가 비어 있을 때에도 잘 앉지 않습니다. 한국에서는 할아버지, 할머니는 지하철을 무료로 이용할 수 있고 입장료 할인도 받을 수 있습니다. 한국은 나이 든 분을 위한 제도가 잘되어 있는 것 같습니다.

생각 나누기 여러분 나라에는 노인들을 위한 제도로 어떤 것이 있습니까?
What services are available for senior citizens in your country?

비어 있다 to be unoccupied 할인 discount 나이가 들다 to get older 제도 system

발 음 Pronunciation

준비 들어 보세요. track 50
Listen to the following sentences.

1) 운동화를 신고 가세요.
2) 시간이 많이 남지요?

규칙 받침소리 [ㄴ, ㅁ]으로 끝나는 동사, 형용사 뒤에 오는 'ㄱ, ㄷ, ㅈ'은 [ㄲ, ㄸ, ㅉ]으로 발음됩니다.
When preceded by verbs or adjectires which end with the final consonant sounds [ㄴ, ㅁ], 'ㄱ, ㄷ, ㅈ' are pronounced as [ㄲ, ㄸ, ㅉ].

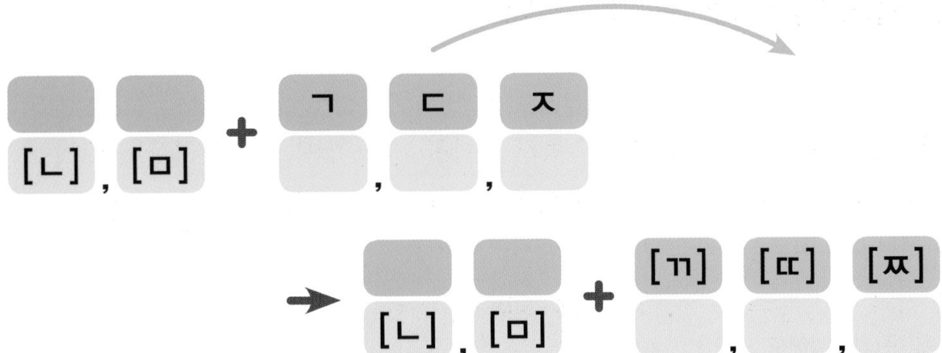

예] 신고[신꼬]
앉지[안찌]
감다[감따]

연습 잘 듣고 따라 해 보세요. track 51
Listen carefully and repeat the following sentences.

1) 의자에 앉다가 넘어졌어요.
2) 아기를 안고 사진을 찍었어요.
3) 너무 바빠서 머리를 감지 못했어요.
4) A 어제부터 배가 아프네요.
   B 아프면 참지 말고 병원에 가세요.

머리를 감다 to wash one's hair 안다 to hold; to embrace 참다 to endure

자기 평가 Self-Check

1. 다음 중 아는 단어에 ✓ 하세요.
Check all the words that you know.

□ 두 손으로 드리다	□ 다리를 꼬고 앉다	□ 자리를 양보하다	□ 고개를 돌리고 마시다
□ 금연	□ 주차 금지	□ 사진 촬영 금지	□ 휴대 전화 사용 금지
□ 실수하다	□ 칭찬하다	□ 야단을 맞다	□ 높임말을 하다

2. 알맞은 것을 골라 문장을 만들어 보세요.
Complete each dialogue using the word in parentheses and the appropriate grammar form in the box.

–(으)ㄴ 적(이) 있다[없다]	–았을/었을 때	–아도/어도 되다	–(으)면 안 되다

1) A 오늘까지 회비를 내야 돼요?
B 아니요, 내일 ________________. (내다)

2) A 여기에서 음식을 먹어도 돼요?
B 아니요, 여기에서 ______________________. (먹다)

3) A 제주도에 가 봤어요?
B 네, ______________________. (가 보다)

4) A 김치를 처음 ____________ 어땠어요? (먹다)
B 좀 매웠지만 맛있었어요.

정답

2. 1) 내도 돼요 2) 먹으면 안 돼요 3) 가 본 적이 있어요 4) 먹었을 때

번 역 Translation

어휘

반말을 하다	to speak in banmal
이름을 부르다	to call someone's name
높임말[존댓말]을 하다	to speak in honorific language
한 손으로 받다	to receive with one hand
자리를 양보하다	to offer one's seat to others
두 손으로 드리다	to give with both hands
다리를 꼬고 앉다	to sit with one's leg crossed
고개를 돌리고 마시다	to drink turning one's head
고개를 숙여서 인사하다	to greet while bowing one's head
금연	No Smoking
주차 금지	No Parking
사진 촬영 금지	No Photographs
음식물 반입 금지	No Food or Drinks
휴대 전화 사용 금지	No Cell Phones

말하기 1

Steven It seems that Korean language is very difficult.

Yujin You speak Korean well, then why?

Steven No, I don't. When I went to the hospital today, I had an embarrassing moment because I made a Korean language mistake.

Yujin What happened?

Steven People laughed because I called the doctor 'uisanim'.

Yujin I also have a hard time because I don't know what to call people whom I meet for the first time.

Steven Have you also made mistakes because you are speaking Korean?

Yujin Of course. But it's still good because I don't forget what I learned from my mistake.

말하기 2

Steven Etiquette for interacting with seniors in Korea is a little complicated.

Mariko That's right. Aren't there many things that one is not supposed to do in front of seniors?

Steven Yes, I got a scolding because I sat with my legs crossed in front of a grandfather.

Mariko Oh, you should not sit with your legs crossed in front of seniors in Korea.

Steven I know but I keep forgetting because it is okay to do that in my country. Isn't Japanese culture similar to Korean culture?

Mariko There are some similarities but there are also lots of differences.

Steven What is different?

Mariko In Korea when people drink in front of seniors, they should turn their heads away from an elder while drinking. However, in Japan we can just drink.

Steven Really? The countries are close but the cultures are different.

15 한국 생활에 익숙해졌어요

I've become used to living in Korea

학습목표

어 휘	• 인생 Life • 변화 Change
문법과 표현 1	• A-아지다/어지다 • V-게 되다
말하기 1	• 안부 묻고 근황 말하기 Catching up on each other's lives
문법과 표현 2	• V-기 전에 • V-(으)ㄴ 후에
말하기 2	• 변화 설명하기 Expressing changes
듣고 말하기	• 장래 희망에 대한 대화 듣기 Listening to a conversation about one's dream • 은퇴 후 계획에 대한 인터뷰 듣기 Listening to an interview about plans after retirement • 자신의 꿈에 대해 말하기 Talking about one's dream
읽고 쓰기	• 서울의 변화에 대한 글 읽기 Reading about changes in Seoul • 고향의 변화에 대한 글 쓰기 Writing about changes in your hometown
과 제	• 인생 그래프 발표하기 Presenting graph of life
문화 산책	• 서울의 변화 Changes in Seoul
발 음	• 'ㅎ' 탈락 Silent 'ㅎ'

어 휘 Vocabulary

1. 그림을 보고 [보기]와 같이 말해 보세요.
   Look at the pictures and create sentences as shown in the example.

보 기

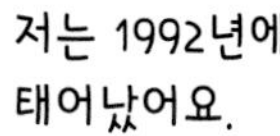

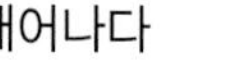

태어나다

입학하다

친구를 사귀다

사랑에 빠지다

졸업하다

취직하다

결혼하다

아기를 낳다

승진하다

은퇴하다

죽다

2. 그림을 보고 [보기]와 같이 알맞은 단어를 골라 문장을 만들어 보세요.

Look at the pictures and complete each sentence using the appropriate word from the box as shown in the example.

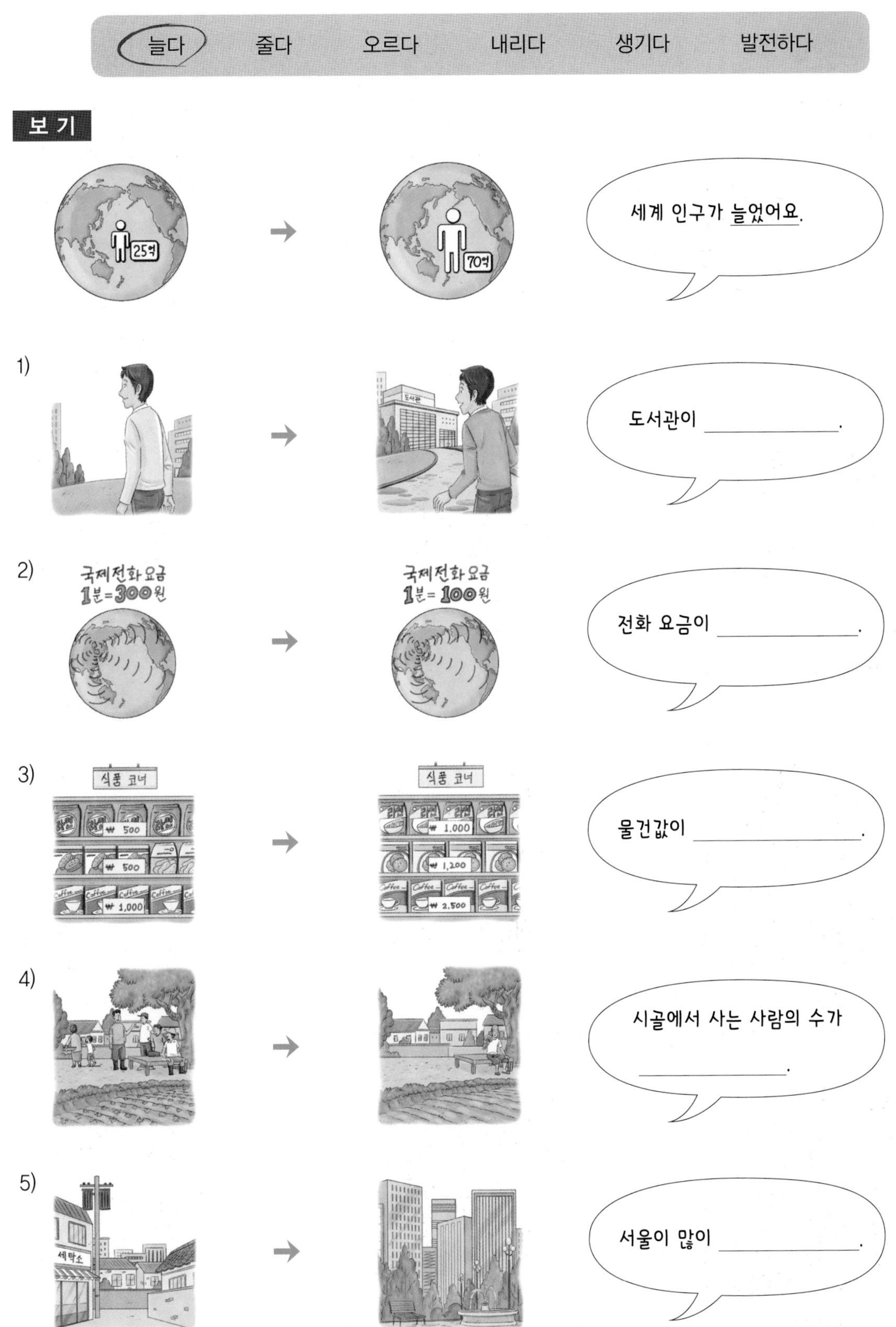

문법과 표현 1 Grammar and Expression 1

1. A-아지다/어지다

track 52

A 아키라 씨, 회사 생활에 익숙해졌어요?

B 네, 처음에는 힘들었는데 이제는 조금 편해졌어요.

- 과일값이 많이 비**싸졌어요**.
- 한국 생활에 익숙**해졌어요**.
- 날씨가 점점 **더워지네요**.

연습1 그림을 보고 [보기]와 같이 말해 보세요.

Create a sentence for each set of pictures as shown in the example.

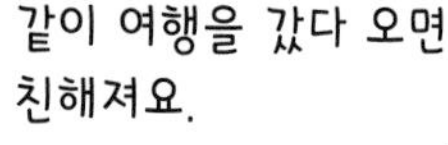

1)

2)

3)

4)

익숙하다 to be accustomed　이제 now

2. V-게 되다

A 나나 씨는 샤오밍 씨와 고향 친구예요?

B 아니요, 한국에 와서 알게 됐어요.

예

- 한국 노래를 좋아해서 한국어를 배우**게 되었어요.**
- 처음에는 매운 음식을 잘 못 먹었는데 지금은 잘 먹**게 됐어요.**

연습1 한국에 와서 달라진 것이 있습니까? [보기]와 같이 이야기해 보세요.
What has changed since you came to Korea? Talk about it as shown in the example.

보 기

말하기 1 Speaking 1

track 54

지 훈 아키라 씨, 오래간만이에요.

아키라 네, 안녕하세요? 지훈 씨, 그동안 잘 지냈어요?

지 훈 네, 잘 지냈어요. 아키라 씨는 요즘 어떻게 지내세요? 이제 한국 생활에 익숙해졌어요?

아키라 네, 회사 일에도 익숙해지고 한국 음식도 잘 먹게 됐어요. 지훈 씨도 별일 없지요?

지 훈 전 다음 달부터 중국에서 일하게 됐어요.

아키라 아, 그래요? 얼마나 있을 건데요?

지 훈 2년 동안 있을 거예요. 그런데 지금까지 한 번도 외국에서 지내 본 적이 없어서 좀 걱정이에요.

아키라 걱정하지 마세요. 처음에는 힘들겠지만 곧 익숙해질 거예요.

연습1

1)
- 회사 일에도 익숙하다
- 한국 음식도 잘 먹다
- 중국에서 일하다
- 익숙하다

2)
- 한국 생활도 편하다
- 친구들도 많이 알다
- 미국에서 공부하다
- 괜찮다

오래간만이다 It's been a long time　별일 없다 to not have anything special going on

연습2 오랜만에 만난 친구와 안부를 묻고 서로의 변화를 이야기해 보세요.
Exchange greetings with someone whom you have not seen in a while; then talk about each you has changed.

오래간만이에요. 그동안 잘 지냈어요?

네, 잘 지냈어요. __________ 씨도 별일 없으시죠?

전 내년에 유학을 가게 됐어요.

아, 그래요? 어디로 가시는데요?

. . .

입학

졸업

유학

결혼

취직

• **안부를 물을 때**
When asking how one is doing

별일 없으시지요?
그동안 잘 지내셨어요?
요즘 어떻게 지내세요?

문법과 표현 2 Grammar and Expression 2

1. V-기 전에

 track 55

A 출발하기 전에 전화해 주세요.

B 네, 전화할게요.

예

- 고향에 돌아가**기 전에** 부산 여행을 할 거예요.
- 수영하**기 전에** 준비 운동을 하세요.
- 밥을 먹**기 전에** 손을 씻으세요.

연습1 [보기]와 같이 이야기해 보세요.

Ask each other questions and respond as shown in the example.

보 기

한국에 오기 전에 무슨 일을 하셨어요?

한국에 오기 전에 회사에 다녔어요.

한국에 오기 전에 무슨 일을 하셨어요?

자기 전에 보통 뭘 하세요?

여기에 살기 전에 어디에 살았어요?

죽기 전에 꼭 해 보고 싶은 일이 있어요?

2. V-(으)ㄴ 후에

track 56

A 커피 마시러 갈까요?

B 지금 배고픈데 밥 먼저 먹은 후에 가면 어때요?

예

- 숙제부터 **한 후에** 노는 게 어때?
- 저는 아침을 먹**은 후에** 커피를 마셔요.

연습1 [보기]와 같이 이야기해 보세요.

Ask each other questions and respond as shown in the example.

보 기

오늘 수업 끝난 후에 뭐 할 거예요?

수업 끝난 후에 친구 만나기로 했어요.

수업이 끝나다	점심을 먹다
한국어 공부를 마치다	졸업하다

말하기 2 Speaking 2

track 57

정우　히엔 씨, 요즘 잘 지내요? 아직도 한국 생활이 많이 힘들어요?

히엔　아니요, 처음 왔을 때는 힘들었지만 지금은 익숙해졌어요.

정우　처음에 뭐가 제일 힘들었어요?

히엔　매운 음식을 잘 못 먹어서 고생했는데 지금은 잘 먹게 되었어요.

정우　그래요? 다행이네요. 그런데 히엔 씨는 한국에 오기 전에 어떤 일을 했어요?

히엔　회사에 다녔어요.

정우　한국어 공부를 마친 후에는 뭘 할 거예요?

히엔　한국에서 취직하려고 하는데 할 수 있을지 모르겠어요.

정우　히엔 씨는 열심히 하니까 잘될 거예요.

연습1

1)
- 매운 음식을 잘 못 먹다
- 잘 먹다
- 한국에 오다
- 한국어 공부를 마치다
- 한국에서 취직하다

2)
- 한국 문화를 잘 모르다
- 좀 이해하다
- 대학교에 다니다
- 졸업하다
- 대학원에 가다

아직도 still　고생하다 to have a difficult time　다행이다 to be fortunate　잘되다 to go well

연습2 여러분의 한국 생활은 어떻습니까? 친구들과 이야기해 보세요.
How's your life in Korea? Talk about it with your classmates.

요즘 한국 생활이 어때요?

처음에는 좀 힘들었는데 이제는 익숙해졌어요.

한국에 처음 왔을 때 뭐가 제일 힘들었어요?

친구가 없어서 외롭고 심심했어요.

지금은 어때요?

한국어 공부를 시작한 후부터 친구도 많아지고 한국 생활도 편해졌어요.

· · ·

● 힘든 점

● 변화

성격	외모	건강	친구	?

변화 change

듣고 말하기 Listening and Speaking

준비 어렸을 때 여러분의 꿈은 무엇이었습니까?
What was your dream when you were young?

듣기1 잘 듣고 맞는 것을 고르세요. track 58
Listen carefully and choose the correct statement.

① 여자의 꿈은 변호사가 되는 것입니다.

② 남자는 지금 대학원에 다니고 있습니다.

③ 남자는 중학생 때 선생님이 되고 싶었습니다.

준비 여러분은 은퇴한 후에 어떻게 살고 싶습니까?
How would you live after retirement?

듣기2 잘 듣고 질문에 답하세요. track 59
Listen carefully and answer the questions.

1) 맞지 <u>않는</u> 것을 고르세요.

① 이 회사는 옛날보다 아주 많이 발전했습니다.

② 이 사람은 가족들과 같이 이 회사를 만들었습니다.

③ 이 사람은 고등학교를 마친 후에 이 회사에 취직했습니다.

변호사 lawyer

2) 남자가 은퇴한 후에 하고 싶은 일로 맞는 것을 모두 고르세요.

① 공부를 하려고 합니다.

② 여행을 하려고 합니다.

③ 봉사 활동을 하려고 합니다.

말하기 여러분의 꿈은 무엇입니까? 친구와 같이 이야기해 보세요.
What's your dream? Talk about it with your partner.

· · ·

봉사 활동을 하다 to do volunteer work

읽고 쓰기 Reading and Writing

준비 여러분의 나라는 예전과 달라진 것이 있습니까? 어떻게 달라졌습니까?
Are there some changes in your country compared with the past? How has it changed?

읽기 다음을 읽고 질문에 답하세요.
Read the passage and answer the following questions.

한국 생활

내 고향 서울

줄리앙 김

제가 태어난 곳은 서울입니다. 저의 아버지는 한국 사람이고 어머니는 프랑스 사람입니다. 저는 태어나서 여섯 살까지 서울에 살다가 아버지 회사 일 때문에 가족 모두 프랑스 파리로 가게 되었습니다. 처음 프랑스에 갔을 때는 한국을 아는 사람이 거의 없었습니다. 하지만 요즘은 한국어를 배우는 사람도 늘고 한국 음식이나 문화에 대한 관심도 많아지고 있습니다. 저도 한국어와 한국 문화에 대해 좀 더 알고 싶어서 다시 서울에 왔습니다.

그동안 서울은 많이 달라졌습니다. 예전에 우리 동네는 주택이 많았는데 지금은 대부분 아파트로 바뀌었습니다. 그리고 우리 집 근처에 지하철역이 없었는데 9호선이 생겨서 교통이 훨씬 편리해졌습니다. 또 서울에 사는 외국인도 많아져서 어디에서나 쉽게 외국인을 볼 수 있습니다. 서울이 앞으로 또 어떻게 바뀔지 기대가 됩니다.

거의 almost　예전에 in the old days　어디에서나 anywhere　기대가 되다 to expect

1) 이 사람에 대한 설명으로 맞지 <u>않는</u> 것을 고르세요.

① 서울에서 태어났습니다.

② 여섯 살까지 프랑스에서 살았습니다.

③ 한국어를 배우려고 한국에 왔습니다.

2) 서울이 어떻게 달라졌습니까?

· 주택이 많이 ______________________________.

· 교통이 ______________________________.

· 서울에 사는 외국인이 ______________________________.

쓰기 여러분의 고향은 과거와 어떻게 달라졌습니까? 써 보세요.

How has your hometown changed compared to how it was in the past? Write about it.

과 제 Task

여러분의 인생 그래프를 그리고 발표해 보세요.

Draw a graph of your life and present it to the class.

여러분의 인생에서 중요했던 일은 무엇입니까? [보기]와 같이 간단히 적어 보세요.

What were important events in your past? Write a list as shown in the example.

보 기

언제	무슨 일이 있었어요?
1992년	태어났어요.
5살 때	많이 아팠어요.
8살 때	초등학교에 입학했어요.
10살 때	* * 대회에서 상을 받았어요.

선생님께 인생 그래프를 그릴 종이를 받으세요. 위에서 적은 일들 중 행복의 정도가 클수록 '+10'에, 불행의 정도가 클수록 '–10'에 가깝게 점을 찍고 선으로 연결하세요. (활동지 → p.229)

You will receive some graph paper from your teacher. Mark your happiness at each age with a dot from +10 to -10 and connect the dots.

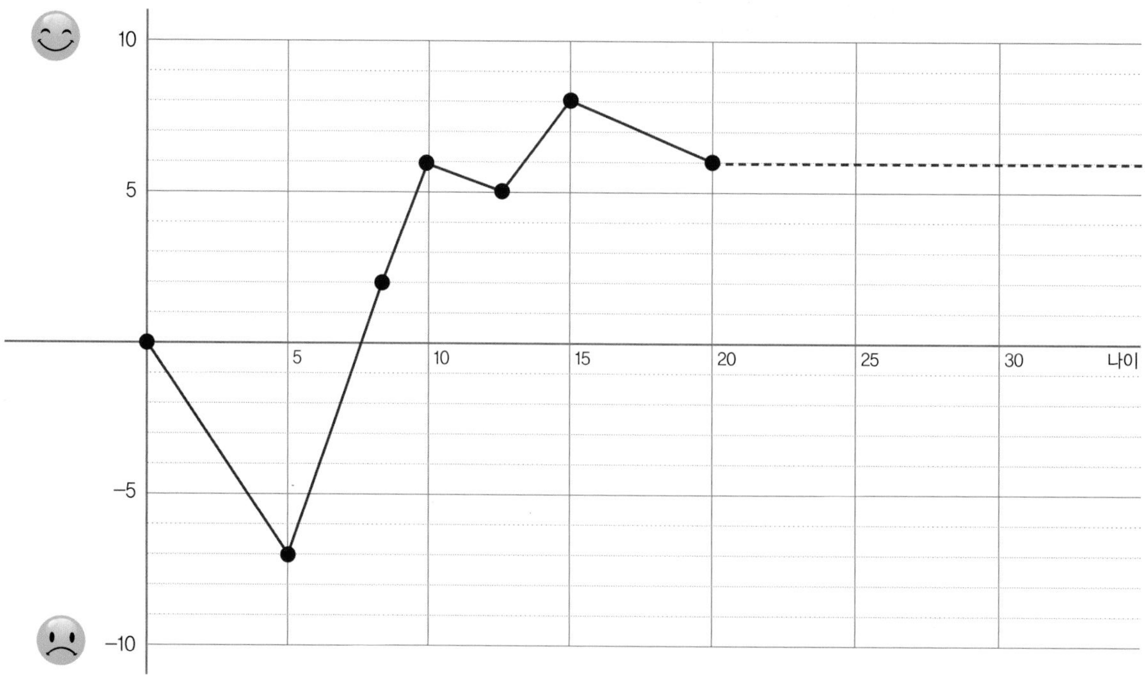

초등학교 elementary school

여러분의 인생 그래프에 대해 발표해 보세요. 중요한 일이 있기 전과 일어난 후에 달라진 점이 뭐가 있는지 이야기해 보세요.

Present your graph to the class. Talk about what has changed before and after important events.

문화 산책 Culture Note

준비 서울이 어떻게 달라졌습니까?
How has Seoul changed?

1970년대 강남

2000년대 강남

알아 보기 서울의 변화를 보고 어떻게 달라졌는지 이야기해 보세요.
Talk about changes in Seoul.

	1970년대	2010년대
서울의 인구	569만 명	1,046만 명
한강 다리	1개	약 30개
지하철	1호선	1–9호선
학교	845개	2,182개

생각 나누기 여러분 나라의 수도는 어디입니까? 과거와 어떻게 달라졌습니까?
What is a capital city in your country? How has it changed compared to its past?

인구 population

발 음 Pronunciation

준비 들어 보세요. track 60
Listen to the following sentences.

1) 배가 고파서 많이 먹었어요.
2) 담배 좀 끊으세요.

규칙 받침 'ㅎ, ㄶ, ㅀ'은 뒤에 모음이 오면 [ㅎ]이 발음되지 않습니다.
When the final consonants 'ㅎ, ㄶ, ㅀ' are followed by the initial 'ㅇ', [ㅎ] is silent.

예) 넣어요[너어요]
많아져요[마나저요]
싫어요[시러요]

연습 잘 듣고 따라 해 보세요. track 61
Listen carefully and repeat the following sentences.

1) 주말에는 극장에 사람이 많아요.
2) 기분이 좀 괜찮아졌어요?
3) 언니가 아기를 낳았어요.
4) A 언제 라면을 넣어요?
B 물이 끓으면 넣으세요.

끓다 to boil

자기 평가 Self-Check

1. 다음 중 아는 단어에 ✓ 하세요.
   Check all the words that you know.

□ 태어나다	□ 입학하다	□ 취직하다	□ 은퇴하다
□ 늘다	□ 줄다	□ 생기다	□ 발전하다
□ 익숙하다	□ 고생하다	□ 아기를 낳다	□ 기대가 되다

2. 알맞은 것을 골라 대화를 만들어 보세요.
   Complete each dialogue using the word in parentheses and the appropriate grammar form in the box.

–아지다/어지다	–게 되다	–기 전에	–(으)ㄴ 후에

1) A 대학교를 ________________ 뭐 할 거예요? (졸업하다)
   B 졸업하고 나서 외국으로 유학을 갈 거예요.

2) A 스티븐 씨, 이건 좀 매운 음식인데 괜찮아요?
   B 네, 괜찮아요. 이제는 매운 음식도 잘 ________________. (먹다)

3) A 한국 생활이 좀 힘들어요.
   B 지금은 좀 힘들겠지만 곧 ________________. (괜찮다)

4) A 한국에 ________________ 무슨 일을 했어요? (오다)
   B 고향에서 회사에 다녔어요.

정답

2. 1) 졸업한 후에 2) 먹게 됐어요 3) 괜찮아질 거예요 4) 오기 전에

번 역 Translation

어휘

태어나다	to be born
입학하다	to enter a school
친구를 사귀다	to make a friend
사랑에 빠지다	to fall in love
졸업하다	to graduate
취직하다	to get a job
결혼하다	to marry
아기를 낳다	to give birth to
승진하다	to get a promotion
은퇴하다	to retire
죽다	to die
늘다	to increase
줄다	to decrease
오르다	to go up
내리다	to go down
생기다	to be formed
발전하다	to develop

말하기 1

Jihun Akira, it's been a while.
Akira Oh, hi, Jihun! How have you been?
Jihun I have been doing well. How are you doing these days? Did you get used to living in Korea?
Akira Yes, I've become used to my work and eating Korean food well. Anything new, Jihun?
Jihun I go to work in China starting next month.
Akira Oh, really? How long will you be there?
Jihun I might be there for 2 years. However, I am a little bit worried because I have never stayed in a foreign country before.
Akira Don't worry. It's going to be a little difficult at first, but you will get used to it soon.

말하기 2

Jeongu Hien, how are you doing? Are you still having a hard time living in Korea?
Hien No. I had a hard time when I first came, but I've become used to it.
Jeongu What was most difficult in the beginning?
Hien I had hard time because I couldn't eat spicy food. But now I've gotten good at it.
Jeongu Really? That's good. By the way, what did you do before you came to Korea?
Hien I was working for a company.
Jeongu Then what are you going to do when you finish studying Korean?
Hien I would like to get a job in Korea, but I am not sure if I can.
Jeongu It will go well because you are working hard.

16 설날에는 밥 대신 떡국을 먹어요

We eat tteokguk instead of rice on New Year's Day

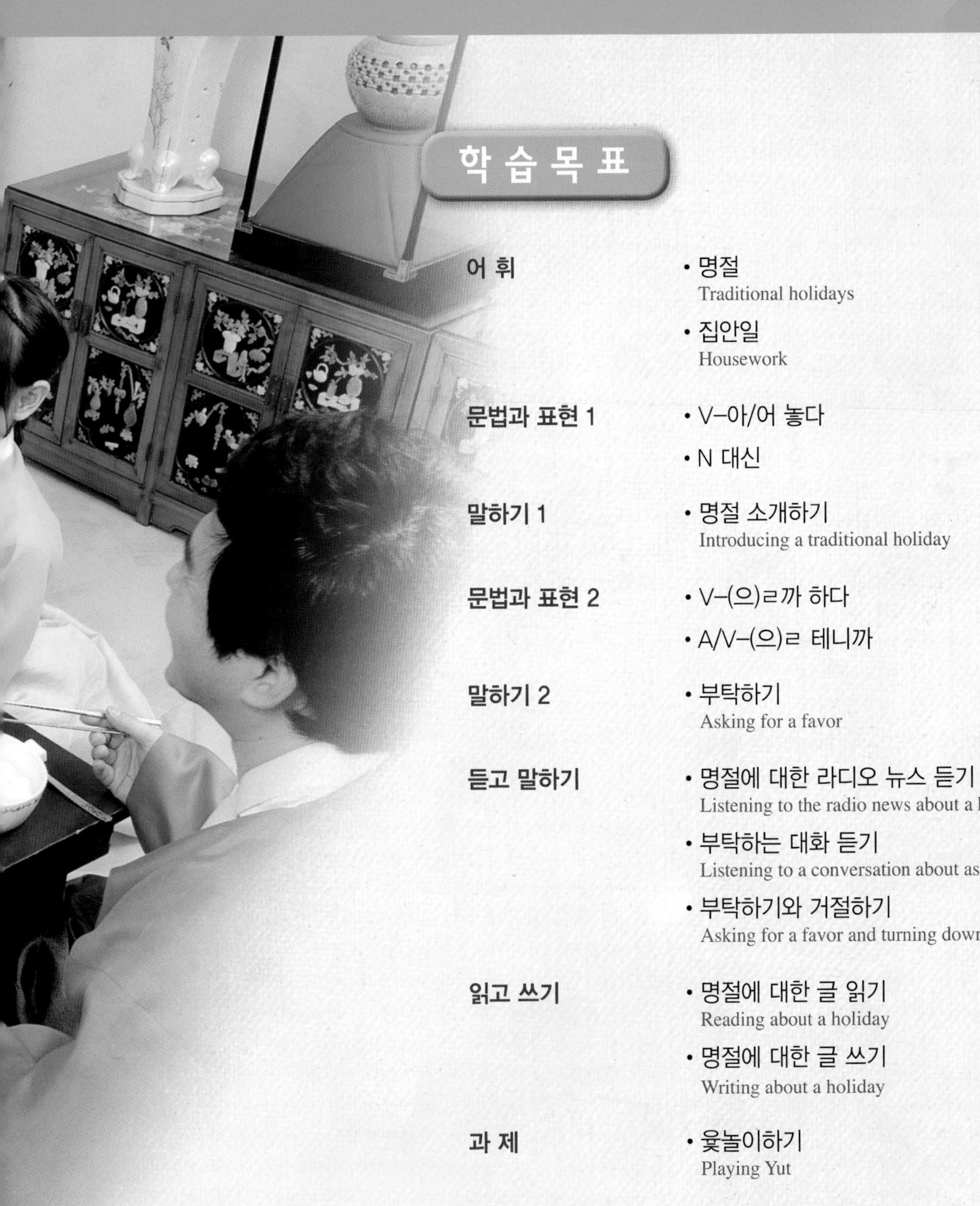

학습목표

어 휘	• 명절 Traditional holidays • 집안일 Housework
문법과 표현 1	• V-아/어 놓다 • N 대신
말하기 1	• 명절 소개하기 Introducing a traditional holiday
문법과 표현 2	• V-(으)ㄹ까 하다 • A/V-(으)ㄹ 테니까
말하기 2	• 부탁하기 Asking for a favor
듣고 말하기	• 명절에 대한 라디오 뉴스 듣기 Listening to the radio news about a holiday • 부탁하는 대화 듣기 Listening to a conversation about asking for a favor • 부탁하기와 거절하기 Asking for a favor and turning down a request
읽고 쓰기	• 명절에 대한 글 읽기 Reading about a holiday • 명절에 대한 글 쓰기 Writing about a holiday
과 제	• 윷놀이하기 Playing Yut
문화 산책	• 강강술래 Traditional Korean circle dance
발 음	• 유음화 1 Lateralization 1

어 휘 Vocabulary

1. 다음은 한국에서 명절에 하는 일입니다. 그림을 보고 [보기]와 같이 알맞은 것을 골라 쓰세요.
The followings are things that people do on traditional holidays in Korea. Write the correct phrase under the corresponding picture as shown in the example.

한복을 입다	고향에 가다	세배(를) 하다
성묘(를) 하다	차례를 지내다	윷놀이(를) 하다

보 기

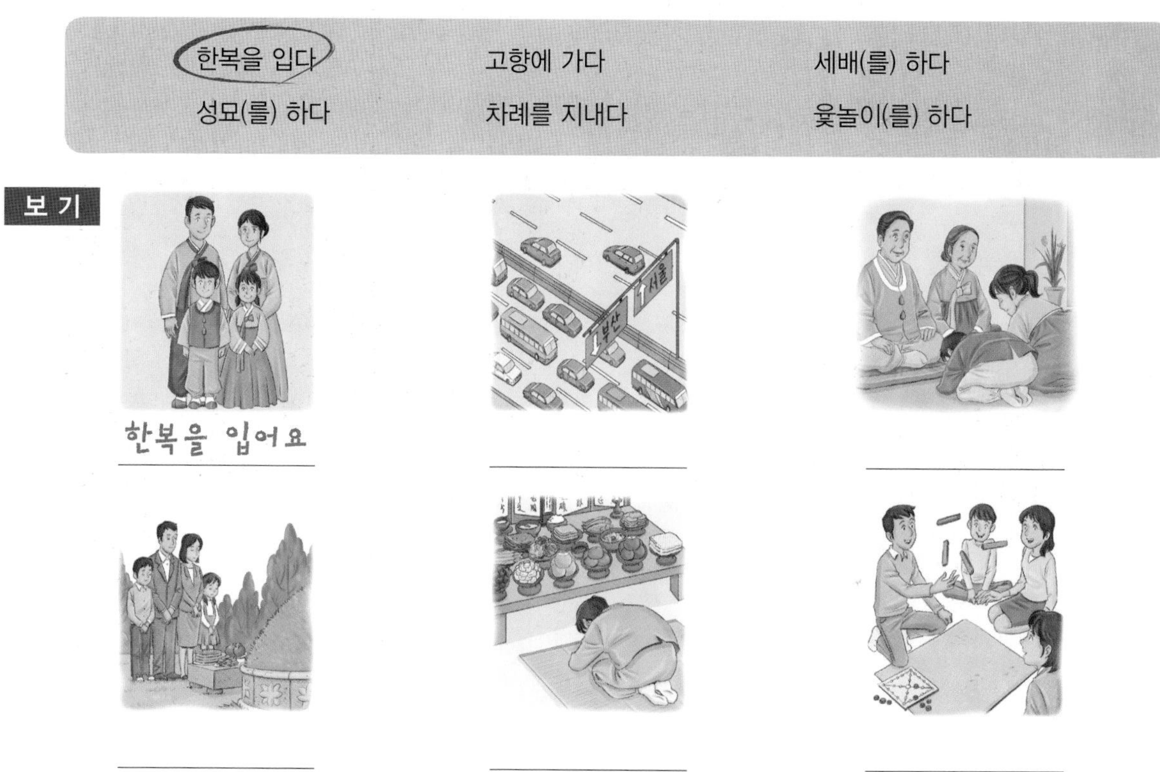

2. 그림을 보고 [보기]와 같이 이야기해 보세요.
Look at the pictures and practice the conversations as shown in the example.

보 기

떡국 빈대떡 송편 한과 식혜

3. 그림을 보고 무엇을 해야 하는지 말해 보세요.

Look at the pictures and talk about what to do.

방을 닦다

장을 보다

정리(를) 하다

설거지(를) 하다

세탁기를 돌리다

청소기를 돌리다

문법과 표현 1 Grammar and Expression 1

1. V-아/어 놓다

 track 62

A 주말인데 표가 있을까요?

B 걱정하지 마세요. 제가 예매해 놓았어요.

예

- 동생에게 주려고 가방을 **사 놓았어요**.
- 더우니까 창문을 열**어 놓으세요**.

연습1 집에 없는 사이에 동생이 다녀갔습니다. 그림을 보고 동생이 무슨 일을 해 놓았는지 말해 보세요.
Your younger sibling came by your house while you were not at home. Look at the pictures and talk about what has changed.

→

2. N 대신

 track 63

A 설날에 먹는 특별한 음식이 있어요?

B 네, 설날에는 밥 대신 떡국을 먹어요.

- 제가 아파서 친구가 저 **대신** 운전을 했어요.
- 시간이 없어서 밥 **대신** 우유만 한 잔 마셨어요.

연습1 그림을 보고 [보기]와 같이 이야기해 보세요.
Look at the pictures and answer each question as shown in the example.

보 기

국을 끓일 때 소금이 없으면 어떻게 해야 해요?

소금 대신 간장을 넣어도 돼요.

소금을 넣어야 하는데 소금이 없습니다.

여권을 보여 줘야 하는데 여권이 없습니다.

택시비를 내야 하는데 현금이 없습니다.

주소를 써야 하는데 주소를 모릅니다.

끓이다 to boil 보여 주다 to show

말하기 1 Speaking 1

track 64

스티븐 지연 씨, 이번 연휴에 고향에 내려가요?

지 연 네, 한 달 전에 미리 기차표를 예매해 놓았어요.

스티븐 그렇게 빨리 예매를 해야 돼요?

지 연 네, 명절에는 고향에 가는 사람들이 많아서 서두르지 않으면 표 사기가 힘들어요.

스티븐 그런데 한국에서는 설날에 보통 뭘 해요?

지 연 아침에 음식을 차려 놓고 차례를 지내요. 그리고 어른들께 세배를 해요.

스티븐 설날에 먹는 특별한 음식이 있어요?

지 연 설날에는 밥 대신 떡국을 먹어요.

스티븐 지연 씨도 떡국 끓일 줄 알아요?

지 연 그럼요. 나중에 우리 집에 오면 제가 해 줄게요.

연습1

1)
- 기차표를 예매하다
- 설날
- 어른들께 세배를 하다
- 밥 대신 떡국을 먹다
- 떡국을 끓이다

2)
- 비행기 표를 사다
- 추석
- 성묘를 하러 가다
- 송편을 만들어 먹다
- 송편을 만들다

연휴 long weekend; holidays 명절 traditional holidays 음식을 차리다 to set the table with food

연습2 여러분 나라의 명절에 대해서 친구와 이야기해 보세요.
Talk about your country's holidays with your classmates.

한국에서 제일 큰 명절은 뭐예요?

한국에서 제일 큰 명절은 설날이에요.

설날이 언제예요?

음력 1월 1일이에요.

설날에 먹는 특별한 음식이 있어요?

설날 아침에 떡국을 먹어요.

설날에는 뭘 해요?

차례를 지내고 어른들께 세배를 해요.

· · ·

문법과 표현 2 Grammar and Expression 2

1. V-(으)ㄹ까 하다

 track 65

A 이번 연휴에 뭐 할 거예요?

B 글쎄요. 가까운 곳으로 여행 갈까 해요.

예

- 이번 여름휴가는 바다로 **갈까 해요**.
- 오늘 저녁에 삼계탕을 먹**을까 하는데** 같이 갈래요?

연습1 [보기]와 같이 이야기해 보세요.

Ask each other questions and respond as shown in the example.

보 기

이번 주말에 뭐 할 거예요?

친구하고 영화를 볼까 하는데
아직 잘 모르겠어요.

이번 주말에 뭐 할 거예요?

수업 후에 뭐 할 거예요?

방학에 어디로 여행 갈 거예요?

점심에 뭐 먹을 거예요?

2. A/V-(으)ㄹ 테니까

 track 66

A 제가 청소를 할까요?

B 청소는 제가 할 테니까 설거지 좀 해 주세요.

예

- 제가 **갈 테니까** 조금만 기다리세요.
- 지금은 수업 중이라서 전화를 못 받**을 테니까** 나중에 거세요.
- 이 시간에는 길이 막**힐 테니까** 지하철을 타세요.
- 거기는 한국보다 **추울 테니까** 두꺼운 옷을 준비해 가세요.

연습1 친구와 함께 여행 준비를 합니다. [보기]와 같이 이야기해 보세요.
You are planning a trip with your classmate. Practice the conversations as shown in the example.

보 기

우리 여행 준비는 어떻게 할까?
내가 호텔을 알아볼까?

그래. 그럼 비행기 표는 내가 예매할 테니까 너는 호텔을 좀 알아봐 줘.

 비행기 표

 호텔

 환전

 교통편

 식당

 가이드북

 지도

 카메라

가이드북 guidebook

말하기 2 Speaking 2

track 67

줄리앙 이번 추석 연휴에 뭐 할 거야?
켈 리 글쎄, 아직 잘 모르겠는데.
줄리앙 그럼, 토요일에 반 친구들을 초대할까 하는데 너도 올래?
켈 리 재미있겠다. 나도 갈게. 내가 뭐 도와줄 거 있어?
줄리앙 그럼 음식 준비하는 것 좀 도와줄래?
켈 리 그래. 뭘 만들 건데?
줄리앙 송편을 만들까 하는데 해 본 적이 없어서 잘할 수 있을지 모르겠어.
켈 리 나 송편 만들 줄 알아. 내가 도와줄 테니까 걱정하지 마.
줄리앙 잘됐다. 그럼 내가 장을 미리 봐 놓을게.
켈 리 그래, 그럼 토요일에 보자.

연습1

1)
- 반 친구들을 초대하다
- 송편을 만들다
- 도와주다
- 장을 미리 보다

2)
- 친구들과 집에서 저녁을 먹다
- 빈대떡을 부치다
- 가르쳐 주다
- 재료를 미리 사다

빈대떡을 부치다 to make mung-bean pancake 재료 ingredient

연습2 고향으로 돌아가는 친구를 위해 송별회를 해 주려고 합니다. 송별회 준비에 대해서 친구들과 의논해 보세요.

You are planning a farewell party for your classmate who is returning home. Talk with your classmates about preparing a farewell party.

우리 파티 어디에서 할까?

학교 근처에 있는 ___________ 어때?

거기는 항상 사람이 많으니까 미리 예약해야 돼.

그럼 내가 전화로 예약해 놓을 테니까 친구들에게 연락 좀 해 줄래?

· · ·

듣고 말하기 Listening and Speaking

준비 여러분 고향에서는 어떻게 명절을 보냅니까?
How do you spend your holidays in your country?

듣기1 잘 듣고 맞지 <u>않는</u> 것을 고르세요. track 68
Listen carefully and choose the one that is different from the passage.

① 남자는 고향에 자주 내려가는 편입니다.

② 지금 서울역은 사람들이 많아서 복잡합니다.

③ 남자는 추석에 부모님 일을 도와드리려고 합니다.

준비 여러분은 친구가 곤란한 부탁을 할 때 어떻게 거절을 합니까?
How do you deal with difficult requests from your friends?

듣기2 잘 듣고 질문에 답하세요. track 69
Listen carefully and answer the questions.

1) 맞는 것을 고르세요.

① 지연은 연휴에 고향에 가려고 합니다.

② 나나는 이틀 동안 여행을 가려고 합니다.

③ 정우는 고양이를 이틀 동안 맡아 줄 것입니다.

2) 내일 여자가 할 일은 무엇입니까?

①

②

③

맡다 to be put in charge of

말하기 한 사람은 부탁하고 다른 한 사람은 그 부탁을 들어주거나 거절해 보세요.
Take the role of a person who asks a favor or a person who turns down a request, and practice the dialogues.

· · ·

· 부탁할 때
When asking for a favor

부탁 하나만 해도 돼요?
이것 좀 도와주시겠어요?
저, 부탁할 게 좀 있는데요.

· 거절할 때
When turning down a request

미안해요. 제가 시간이 좀 없어서요.
어떡하죠? 다음에 도와드리면 안 될까요?
죄송하지만 제가 다른 일이 있어서 안 될 것 같아요.

원고 script

읽고 쓰기 Reading and Writing

준비 한국에서는 추석에 무엇을 합니까?
What do people do during Chuseok?

읽기 다음을 읽고 질문에 답하세요.
Read the passage and answer the following questions.

추석

추석은 음력 8월 15일로 한국의 중요한 명절입니다. 추석은 한 해 농사가 잘 끝난 것을 조상들께 감사하는 날입니다. 추석 아침에는 새로 추수한 곡식과 과일로 차례를 지낸 후 성묘를 하러 갑니다. 그리고 송편을 만들어서 이웃들과 나눠 먹고 오랜만에 만난 친척들과 이야기를 하면서 즐거운 시간을 보냅니다.

추석에 하는 전통 놀이에는 씨름, 강강술래 등이 있습니다. 추석날 밤에는 일 년 중에서 가장 크고 밝은 보름달을 볼 수 있는데 사람들은 그 달을 보면서 소원을 빕니다.

농사 farming 조상 ancestor 추수하다 to harvest 곡식 crops 이웃 neighbor 나누다 to share 강강술래 traditional Korean circle dance 보름달 full moon 소원을 빌다 to make a wish

1) 추석은 어떤 날입니까? 글에서 찾아 빈칸에 써 보세요.

추석은 ______________________________ 조상들께 감사하는 날입니다.

2) 이 글의 내용과 같은 것을 고르세요.

① 추석날 밤에는 차례를 지냅니다.

② 추석에는 보름달을 보면서 소원을 빕니다.

③ 추석은 한 해 농사가 끝나는 12월에 있습니다.

쓰기

여러분 나라의 명절에 대해 설명하는 글을 써 보세요.

Write about holidays in your country.

____

____

____

____

____

____

____

____

____

____

과 제 Task

윷놀이를 해 봅시다.

Let's play Yut.

윷놀이 규칙을 배우세요.

Learn the rules of the game.

윷을 던져서 나온 윷의 면에 따라 윷말을 옮깁니다. 윷이나 모가 나오면 한 번 더 할 수 있습니다. 상대방 말에게 잡히지 않고 먼저 나오는 쪽이 이깁니다.

According to the scores you get from throwing Yut, you can move tokens. If you score either Yut or Mo, you can get a bonus of throwing again. The first team to get all of their tokens back to the start wins the game.

도 (한 칸)

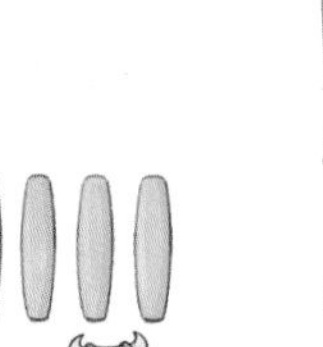

윷 (네 칸)

개 (두 칸)

모 (다섯 칸)

걸 (세 칸)

편을 나누고 윷놀이를 해 보세요. (활동지 → p.230)

Make teams and play Yut.

진 팀은 이긴 팀의 부탁을 들어주세요.

The winning team will request something and the losing team should accept the request.

문화 산책 Culture Note

준비 여러분이 알고 있는 한국의 전통 놀이나 노래가 있습니까?
Do you know any Korean traditional game or song?

알아보기

<강강술래>

강강술래 강강술래
뛰어보세 뛰어보세 강강술래
욱신욱신 뛰어보세 강강술래
먼데사람 듣기좋고 강강술래
곁에사람 보기좋네 강강술래

- 진도 강강술래 중에서 -

생각 나누기 여러분 나라에서는 명절에 어떤 놀이를 합니까?
What do people in your country play on traditional holidays?

발 음 Pronunciation

준비 들어 보세요. track 70
Listen to the following sentences.

1) 설날 아침에는 세배를 해요.
2) 일 년 전에 한국에 왔어요.

규칙 'ㄴ'은 받침 'ㄹ' 뒤에서 [ㄹ]로 발음됩니다.
When the initial consonant 'ㄴ' is preceded by the final consonant 'ㄹ', 'ㄴ' is pronounced as [ㄹ].

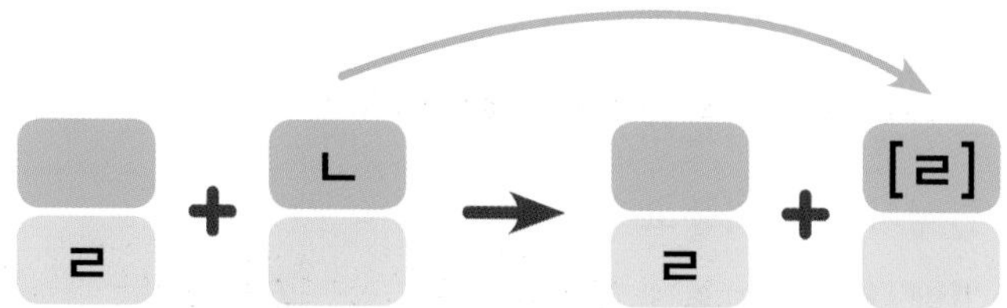

예] 물냉면[물랭면]
생일날[생일랄]
실내[실래]

연습 잘 듣고 따라 해 보세요. track 71
Listen carefully and repeat the following sentences.

1) 일 년 후에 다시 만나요.
2) 사물놀이 공연을 본 적이 있어요.
3) 사진이 잘 나왔네요.
4) A 이번 설날에 고향에 가지요?
B 네, 고향 갈 날만 기다리고 있어요.

실내 interior

자기 평가 Self-Check

1. 다음 중 아는 단어에 √ 하세요.
   Check all the words that you know.

☐ 성묘를 하다	☐ 윷놀이를 하다	☐ 차례를 지내다	☐ 음식을 차리다
☐ 명절	☐ 조상	☐ 이웃	☐ 떡국
☐ 설거지를 하다	☐ 정리를 하다	☐ 방을 닦다	☐ 장을 보다

2. 알맞은 것을 골라 대화를 만들어 보세요.
   Complete each dialogue using the word in parentheses and the appropriate grammar form in the box.

대신	–아/어 놓다	–(으)ㄹ까 하다	–(으)ㄹ 테니까

1) A 이번 주말에 뭐 할 거예요?
   B 그냥 집에서 ____________________. (쉬다)

2) A 손님들이 오시는데 준비할 시간이 없어요.
   B 제가 ____________________ 걱정하지 마세요. (도와주다)

3) A 왜 다른 사람이 정우 씨 차를 운전했어요?
   B 제가 술을 마셔서 ____________________ 친구가 운전했어요. (저)

4) A 이번에 고향에 가지요? 부모님께 드릴 선물은 준비했어요?
   B 네, 벌써 다 ____________________. (사다)

정답

2. 1) 쉴까 해요 2) 도와줄 테니까 3) 저 대신 4) 사 놓았어요

번 역 Translation

어휘

한복을 입다	to wear Korean traditional dress
고향에 가다	to go to one's hometown
세배(를) 하다	to give a New Year's bow
성묘(를) 하다	to visit and pay one's respects at ancestors' grave
차례를 지내다	to perform ancestral rites
윷놀이(를) 하다	to play Yut
떡국	rice-cake soup
빈대떡	mung-bean pancake
송편	half-moon-shaped rice cake
한과	Korean traditional sweets and cookies
식혜	sweet rice drink
방을 닦다	to clean the room
장을 보다	to shop for (groceries)
정리(를) 하다	to organize; to put something in order
설거지(를) 하다	to wash the dishes
세탁기를 돌리다	to run the clothes washer
청소기를 돌리다	to vacuum

말하기 1

Steven Jiyeon, are you going to your hometown on this long weekend?

Jiyeon Yes, I reserved train tickets a month ago.

Steven Do you need to reserve a ticket that early?

Jiyeon Yes, because so many people go to their hometown for the holidays, if we don't hurry up, it will be hard to get a ticket.

Steven By the way, what do Koreans normally do on New Year's Day?

Jiyeon We set the table and perform ancestral rites in the morning. And we do the New Year's bow to our elders.

Steven Is there any special food on New Year's Day?

Jiyeon Koreans eat tteokguk instead of rice on New Year's Day.

Steven Can you make tteokguk, Jiyeon?

Jiyeon Of course. I will make it for you when you come to my place next time.

말하기 2

Julian What are you going to do this Chuseok holiday?

Kelly Well, I don't know yet.

Julian Then, I'm thinking of inviting my classmates over; would you like to come?

Kelly It sounds fun. I'll go. Is there anything that I can help with?

Julian Well, then will you come early and help me prepare food?

Kelly Okay. What are you making?

Julian I'm thinking to make songpyeon, but because I have never made it before, I'm not sure if I can do it well.

Kelly Oh, I know how to make songpyeon. I'll help you, so don't worry.

Julian That's great. Then I'll go grocery shopping in advance.

Kelly Ok, then see you on Saturday.

17 비행기를 놓칠 뻔했어요
I almost missed the flight

학 습 목 표

어 휘
- 사고
  Accident
- 색과 무늬
  Colors and patterns

문법과 표현 1
- V-아다/어다 주다
- V-(으)ㄹ 뻔하다

말하기 1
- 문제 상황 설명하기
  Explaining problems

문법과 표현 2
- 'ㅎ' 불규칙
- V-아/어 있다

말하기 2
- 분실물 설명하기
  Explaining about lost items

듣고 말하기
- 분실물 안내 방송 듣기
  Listening to an announcement about lost items
- 문제 상황에 대한 대화 듣기
  Listening to a conversation about problems
- 문제 상황 묘사하기
  Describing your problems

읽고 쓰기
- 분실물 찾는 광고 읽기
  Reading a lost-and-found poster
- 분실물 찾는 광고 만들기
  Creating a lost-and-found poster

과 제
- 그림 보고 상황 설명하기
  Creating a story using pictures

문화 산책
- 색동
  Multicolored sleeve fabric for Korean traditional tops

발 음
- 유음화 2
  Lateralization 2

어 휘 Vocabulary

1. 어떤 일이 일어났습니까? 그림을 보고 [보기]와 같이 말해 보세요.
   What happened? Create a sentence for each picture as shown in the example.

보 기

잃어버리다

놓치다

넘어지다

부딪히다

떨어뜨리다

불(이) 나다

사고가 나다

고장이 나다

2. 여러분은 어떤 색을 좋아합니까? [보기]와 같이 말해 보세요.
What is your favorite color? Make sentences as shown in the example.

보 기

	하얀색[흰색]		녹색[초록색]
	까만색[검은색]		연두색
	회색		분홍색
	빨간색		주황색
	노란색		갈색
	파란색		보라색

3. 여러분은 어떤 무늬를 좋아합니까? 그림을 보고 [보기]와 같이 말해 보세요.
What is your favorite pattern? Look at the pictures and make sentences as shown in the example.

보 기

줄무늬

꽃무늬

체크무늬

물방울무늬

문법과 표현 1 Grammar and Expression 1

1. V-아다/어다 주다

track 72

A 어머니는 언제 중국으로 돌아가셨어요?

B 오늘 가셨어요. 아침에 공항까지 모셔다 드리고 왔어요.

예

- 어머니를 공항까지 모**셔다 드렸어요**.
- 아이를 학교에 데**려다 주고** 왔어요.
- 여기 물 좀 가**져다 주세요**.
- 미안하지만 집에 올 때 신문 좀 **사다 주세요**.

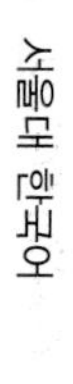

연습1 카드를 두 장 골라 [보기]와 같이 말해 보세요. (활동지 → p.231)
Choose two cards and create sentences as shown in the example.

보 기

할머니를 공항에 모셔다 드렸어요.

동생을 할머니께 데려다 줬어요.

할머니께 책을 갖다 드렸어요.

할머니

모시다 to take elders some place 데리다 to take someone some place 가지다 to have; to take

2. V-(으)ㄹ 뻔하다

 track 73

A 오늘 다른 때보다 늦게 왔네요.

B 네, 길이 막혀서 지각할 뻔했어요.

예

- 학교에 오다가 사고가 **날 뻔했어요**.
- 늦게 일어나서 약속에 늦을 **뻔했어요**.

연습1 그림을 보고 오늘 아키라 씨에게 무슨 일이 있었는지 말해 보세요.
Look at the pictures and talk about what happened to Akira today.

→

→

→

→

말하기 1 Speaking 1

track 74

켈 리 오늘은 다른 때보다 늦게 왔네요.

샤오밍 오늘 부모님이 고향으로 돌아가셔서 공항에 모셔다 드리고 왔어요.

켈 리 아, 그래요? 잘 모셔다 드렸어요?

샤오밍 네. 그런데 비행기를 놓칠 뻔했어요.

켈 리 왜요? 무슨 일 있었어요?

샤오밍 길이 너무 막혀서 공항에 늦게 도착했어요.

켈 리 아침부터 바빴겠네요.

샤오밍 네, 정말 정신이 없었어요. 그래도 비행기를 안 놓쳐서 다행이에요.

연습1

1)
- 부모님이 고향으로 돌아가시다
- 모셔다 드리다
- 놓치다
- 길이 너무 막히다

2)
- 동생이 여행을 가다
- 데려다 주다
- 못 타다
- 자동차가 고장이 나다

정신(이) 없다 to be out of one's senses

연습2 그림을 보고 여러분의 경험을 친구와 이야기해 보세요.
Look at the pictures and talk about your experiences with your classmates.

어제 큰일 날 뻔했어요.

왜요? 무슨 일 있었어요?

운전하다가 깜빡 졸아서
사고가 날 뻔했어요.

정말 큰일 날 뻔했네요.

· · ·

큰일이 나다 to have a big problem　깜빡 졸다 to nod off

문법과 표현 2 Grammar and Expression 2

1. 'ㅎ' 불규칙

 track 75

A 새로 산 가방을 잃어버렸어요.

B 아, 그 까만 가방요? 속상하겠어요.

예

- 한국 사람의 머리 색깔은 까**매요**.
- 저는 창피하면 얼굴이 빨**개져요**.
- 하**얀** 눈이 내리는 것을 보면 기분이 좋아요.

연습1 다음 단어를 사용해서 [보기]와 같이 문장을 만들어 보세요.
Create sentences using the following words as shown in the example.

보 기

저는 노란색이
잘 안 어울려요.

오늘 하늘이 참
파래요.

빨갛다 | 노랗다 | 파랗다 | 까맣다 | 하얗다

까맣다 to be black 빨갛다 to be red 하얗다 to be white 노랗다 to be yellow 파랗다 to be blue

2. V-아/어 있다

 track 76

A 저기 걸려 있는 옷 좀 보여 주세요.

B 네, 저 파란색 원피스요?

예

- 저기 **서 있는** 사람이 누구예요?
- 학생들이 교실에 앉**아 있어요**.
- 창문이 열**려 있어요**.

연습1 두 사람은 그림을 보면서 [보기]와 같이 설명하고, 한 사람은 들으면서 그림을 그리세요. 다 그린 후 원래 그림과 비교해 보세요. (활동지 → p.232)

Two students will give descriptions using the pictures. A student will listen and draw the descriptions. Compare your drawing with the original picture.

놓이다 열리다 걸리다 달리다 붙다 서다 앉다 눕다

보 기

오른쪽에 큰 창문이 있는데
창문이 열려 있어요.

책상 아래에 가방이
놓여 있어요.

걸리다 to be hung 서다 to stand 열리다 to be opened 놓이다 to be put on 달리다 to be hung on 붙다 to be stuck on 눕다 to lie down

말하기 2 Speaking 2

track 77

직 원 어떻게 오셨습니까?
켈 리 가방을 잃어버려서 왔는데요.
직 원 어디서 잃어버리셨습니까?
켈 리 오늘 아침에 지하철 2호선에 놓고 내렸어요.
직 원 가방이 어떻게 생겼습니까?
켈 리 까만색 배낭인데 하얀색 인형이 달려 있어요.
직 원 가방 안에 뭐가 들어 있습니까?
켈 리 책 두 권하고 지갑이 들어 있어요.
직 원 잠깐만요. 그런 가방은 없는데요.
켈 리 그래요? 꼭 찾아야 하는데 큰일 났네요.
직 원 찾으면 연락드릴 테니까 여기에 전화번호를 써 놓고 가세요.

연습1

1)
- 지하철 2호선에 놓고 내리다
- 까만색
- 하얀색 인형이 달려 있다
- 책 두 권하고 지갑

2)
- 서울대입구역 화장실에 두고 나오다
- 파란색
- 이름표가 붙어 있다
- 지갑이랑 수첩

유실물 센터 lost and found 두다 to put on; to leave 이름표 name tag 수첩 schedule book

연습2 아래 물건을 잃어버렸습니다. 그림을 보고 잃어버린 물건에 대해 설명해 보세요.
You have lost the following items. Look at the pictures and describe the lost items.

· · ·

● 잃어버린 물건

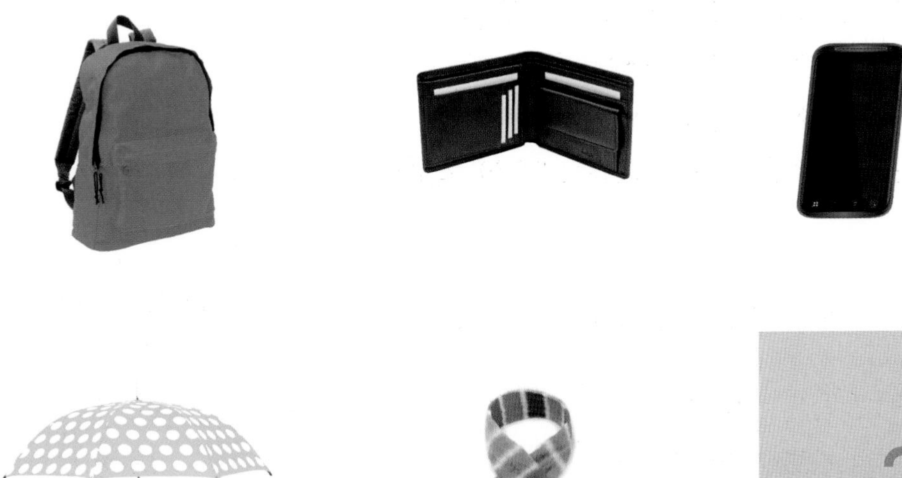

듣고 말하기 Listening and Speaking

준비 여러분은 물건을 잃어버린 적이 있습니까?
Have you ever lost an item?

듣기1 잘 듣고 질문에 답하세요. track 78
Listen carefully and answer the following questions.

1) 맞는 것을 고르세요.

① 여자는 출입국관리사무소에 가야 합니다.

② 식당 직원이 잃어버린 물건을 찾아 주었습니다.

③ 외국인등록증을 다시 받으려면 여권이 있어야 합니다.

2) 남자가 잃어버린 물건을 모두 고르세요.

준비 집에 돌아왔는데 도둑이 들었습니다. 여러분은 이럴 때 어떻게 하시겠습니까?
You came home to find out your place had been broken into. What would you do then?

듣기2 잘 듣고 질문에 답하세요.  track 79
Listen carefully and answer the following questions.

1) 맞는 것을 고르세요.

① 돈과 컴퓨터가 없어졌습니다.

② 경찰관이 도둑과 싸워서 다쳤습니다.

③ 여자가 집에 왔을 때 문이 열려 있었습니다.

2) 도둑은 누구입니까? 맞는 그림을 고르세요.

① 

② 

③ 

말하기 다음과 같은 문제가 생겼습니다. 이럴 때 여러분은 어떻게 하시겠습니까?
You've got the following problems. What would you do in the following situations?

경찰관 police officer

읽고 쓰기 Reading and Writing

준비 여러분은 물건을 잃어버리면 어떻게 합니까?
What do you do when you lost something?

읽기 다음을 읽고 질문에 답하세요.
Read the passage and answer the following questions.

카메라를 찾습니다!

7월 20일 저녁 7시쯤 4층 교실에 카메라를 두고 나왔습니다. 20분쯤 후에 교실에 돌아왔는데 카메라가 없어졌습니다. 잃어버린 카메라는 서울전자에서 나온 ASD500입니다. 색깔은 까만색이고 카메라에는 빨간색 끈이 달려 있습니다. 카메라는 줄무늬가 있는 작은 회색 가방 안에 들어 있었습니다.

저와 친구들의 추억이 들어 있는 아주 소중한 카메라입니다. 가져가신 분은 꼭 돌려주시고 혹시 제 카메라를 보신 분은 아래 연락처로 전화해 주세요.

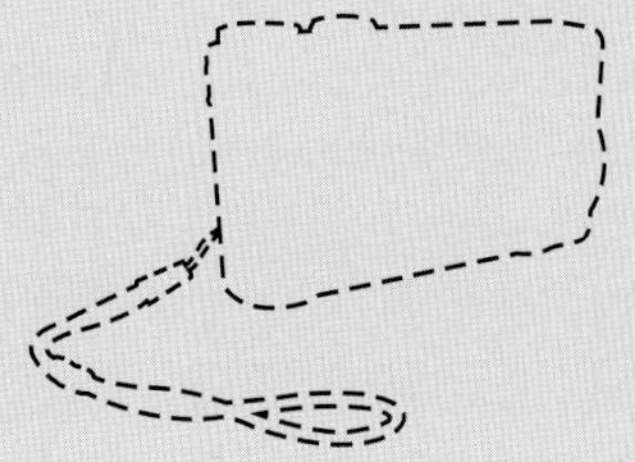

연락처 : 히엔 010-0880-5488

분실물 센터 lost and found 끈 strap 추억 memory 소중하다 to be precious 돌려주다 to return

1) 이 글에 들어갈 사진으로 맞는 것을 고르세요.

①

②

③

2) 잃어버린 물건을 신고하려고 합니다. 이 글의 내용에 맞게 빈칸에 알맞은 말을 써 보세요.

분실물 신고	
잃어버린 물건	
잃어버린 날짜	
잃어버린 장소	
연락처	

쓰기 잃어버린 물건을 찾는 광고를 만들어 보세요.
Create a lost-and-found poster.

분실물 lost article 신고 report

과 제 Task

그림을 보고 상황을 설명해 보세요.
Look at the pictures and explain them.

그림 카드를 받고 어떤 상황인지 생각해 보세요. (활동지 → p.233)
Your team will receive a set of picture cards. Then think about what the situations are.

그림 카드를 배열해서 하나의 이야기로 만들어 보세요.
Arrange the cards to make a story.

위에서 만든 이야기를 그룹별로 발표하고 서로 비교해 보세요.
Present your story to the class and compare yours with other groups.

문화 산책 Culture Note

준비 여러분 나라 사람들이 특별히 좋아하는 색이 있습니까? 그 이유는 무엇입니까?
Do people in your country prefer any particular color? Why do they like that color?

알아보기

주말에 친구 조카의 돌잔치에 다녀왔습니다. 아이는 예쁜 한복을 입고 있었는데 색동저고리의 색깔이 무지개처럼 아름다웠습니다. 색동저고리는 여러 가지 한국의 전통 색을 써서 만든 것입니다. 여기에는 아이의 건강을 바라는 뜻이 있습니다.

생각 나누기 여러분 나라의 전통 옷에는 어떤 색을 많이 사용합니까?
What colors are favored in your country's traditional costumes?

조카 nephew; niece 돌잔치 first birthday party 무지개 rainbow 색동저고리 multicolored Korean top

발 음 Pronunciation

준비 들어 보세요. track 80
Listen to the following sentences.

1) 고향에 도착하면 연락하세요.
2) 저는 신림동에서 살아요.

규칙 받침 'ㄴ'은 대부분의 경우 'ㄹ' 앞에서 [ㄹ]로 발음합니다.
In most cases, when the final consonant 'ㄴ' is followed by 'ㄹ', 'ㄴ' is pronounced as [ㄹ].

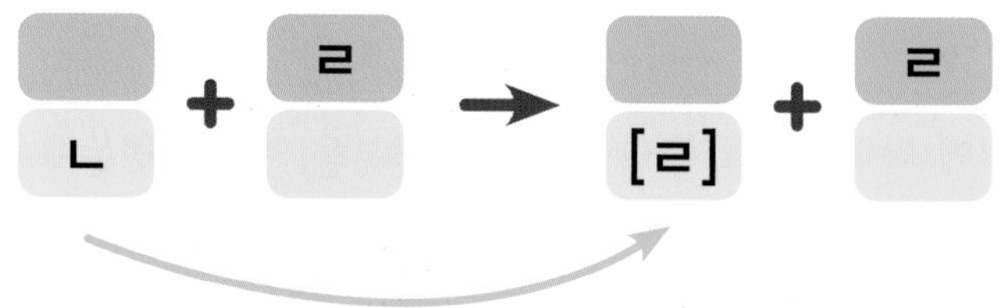

예] 한라산[할라산]
편리하다[펼리하다]
연락처[열락처]

연습 잘 듣고 따라 해 보세요. track 81
Listen carefully and repeat the following sentences.

1) 한라산에 가 봤어요?
2) 지하철이 버스보다 편리해요.
3) 여기서 신림동까지 얼마나 걸려요?
4) A 아키라 씨 전화번호를 알면 좀 연락해 주세요.
   B 네, 제가 연락할게요.

자기 평가 Self-Check

1. 다음 중 아는 단어에 ✓ 하세요.
Check all the words that you know.

- [ ] 빨간색
- [ ] 노란색
- [ ] 까만색
- [ ] 하얀색
- [ ] 꽃무늬
- [ ] 줄무늬
- [ ] 넘어지다
- [ ] 잃어버리다
- [ ] 불이 나다
- [ ] 큰일이 나다
- [ ] 사고가 나다
- [ ] 부딪히다

2. 알맞은 것을 골라 대화를 만들어 보세요.
Complete each dialogue using the word in parentheses and the appropriate grammar form in the box.

–아다/어다 주다	–(으)ㄹ 뻔하다	–아/어 있다

1) A 부모님은 고향에 잘 가셨어요?
   B 네, 오늘 아침에 공항에 ______________________. (모시다)

2) A 조금만 늦었으면 기차를 ______________________. (놓치다)
   B 네, 기차를 안 놓쳐서 정말 다행이에요.

3) A 스티븐 씨 옆에 ______________________ 사람이 누구예요? (앉다)
   B 안경 쓴 사람요? 줄리앙 씨예요.

정답
2. 1) 모셔다 드렸어요 2) 놓칠 뻔했네요 3) 앉아 있는

번 역 Translation

어휘

잃어버리다	to lose
놓치다	to miss
넘어지다	to fall over
부딪히다	to bump into
떨어뜨리다	to drop
불(이) 나다	to have a fire break out
사고가 나다	to have an accident
고장이 나다	to break down

하얀색[흰색]	white
까만색[검은색]	black
회색	gray
빨간색	red
노란색	yellow
파란색	blue
녹색[초록색]	green
연두색	yellow-green
분홍색	pink
주황색	orange
갈색	brown
보라색	purple

줄무늬	striped pattern
꽃무늬	flowered pattern
체크무늬	checkered pattern
물방울무늬	polka dots

말하기 1

Kelly	You are later than usual, today.
Xiaoming	Today my parents returned to hometown, so I brought them to the airport.
Kelly	Oh, really? Did you get them there alright?
Xiaoming	Yes, but they almost missed the flight.
Kelly	Why? Did something happen?
Xiaoming	The roads were very congested, so we arrived at the airport late.
Kelly	You must have been very busy from this morning on.
Xiaoming	Yes, it was really hectic, but it is still good because they didn't miss their flight.

말하기 2

Employee	How may I help you?
Kelly	I came to report that I lost my bag.
Employee	Where did you lose it?
Kelly	I left it on the subway line 2 this morning.
Employee	What does your bag look like?
Kelly	It is a black backpack and a white doll hangs.
Employee	What's inside the bag?
Kelly	There are two books and a wallet inside.
Employee	Hold on a second. There is no such a bag reported yet.
Kelly	Really? What a disaster! I really need to find it.
Employee	Please leave your phone number here and then we will give you a call if we find the bag.

18 한국에 온 지 벌써 6개월이 되었어요

It's been already six months since I came to Korea

학 습 목 표

어 휘	• 감정 Emotions • 계절의 변화 Changes of seasons
문법과 표현 1	• V-(으)ㄴ 지 • N(이)나 2
말하기 1	• 한국 생활 감회 표현하기 Expressing reflections about living in Korea
문법과 표현 2	• A-다, V-ㄴ다/는다, N(이)다
말하기 2	• 계절의 변화에 대해 서술하기 Narrating the changes of seasons
듣고 말하기	• 계절의 변화에 대한 라디오 방송 듣기 Listening to radio broadcasts about the changes of seasons • 한국 생활에 대한 라디오 사연 듣기 Listening to radio broadcasts on letters about life in Korea • 기억에 남는 일 말하기 Talking about memorable events
읽고 쓰기	• 기억에 남는 사람에 대한 글 읽기 Reading about memorable people • 기억에 남는 사람에 대한 글 쓰기 Writing about memorable people
과 제	• 한국 생활 잘하는 방법 발표하기 Making presentations on how to enjoy life in Korea
문화 산책	• 한국의 시『눈 내리는 밤』 Korean poem『The Snowy Night』
발 음	• 종합 연습 Review Exercises

어 휘 Vocabulary

1. 그림을 보고 단어의 뜻을 생각해 보세요. 그리고 그 단어를 이용해서 [보기]와 같이 이야기해 보세요.
   Look at the pictures and think about the meaning of the words. Then make sentences using the words as shown in the example.

보 기

그립다

아쉽다

정(이) 들다

후회(가) 되다

기억에 남다

2. 지금 여러분 나라는 무슨 계절입니까? 그림을 보고 [보기]와 같이 말해 보세요.
What season is it in your country now? Look at the pictures and make sentences as shown in the example.

보 기

지금 우리 나라는 여름입니다.
우리 나라의 여름 날씨는
아주 덥고 습도가 높습니다.

봄	여름	가을	겨울
꽃이 피다	장마가 시작되다	단풍이 들다	얼음이 얼다
바람이 불다	태풍이 오다	나뭇잎이 떨어지다	눈이 내리다
건조하다	습도가 높다	쌀쌀하다	기온이 영하로 내려가다

문법과 표현 1 Grammar and Expression 1

1. V-(으)ㄴ 지

track 82

A 한국에 온 지 얼마나 됐어요?

B 한국에 온 지 벌써 네 달 됐어요.

예

- 대학교를 졸업**한 지** 일 년 되었어요.
- 이 약을 먹**은 지** 한 시간쯤 됐어요.
- 기숙사에 **산 지** 얼마나 됐어요?
  – 한 달밖에 안 됐어요.

연습1 그림을 보고 [보기]와 같이 이야기해 보세요.
Ask each other questions and respond as shown in the example.

보 기

태권도를 배운 지
얼마나 됐어요?

태권도 배운 지 세 달쯤 됐어요.
올해 1월부터 배우기 시작했어요.

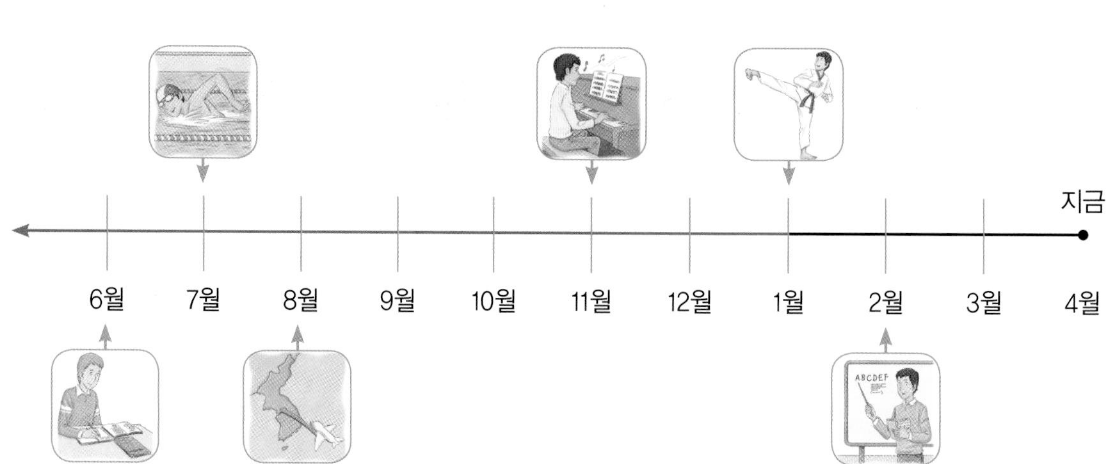

2. N(이)나 2

 track 83

A 좀 더 드세요.

B 아니에요. 두 그릇이나 먹었어요.

예

- 민영 씨는 개가 다섯 마리**나** 있어요.
- 그 가수 콘서트에 사람들이 만 명**이나** 왔어요.

연습1 그림을 보고 [보기]와 같이 이야기해 보세요.

Look at the pictures and practice the dialogues as shown in the example.

보 기

여행	공부	책	영화	?

말하기 1 Speaking 1

track 84

스티븐　우리가 한국에 온 지 벌써 6개월이나 됐네요.

나　나　맞아요. 시간이 정말 빨리 지나간 것 같아요.

스티븐　나나 씨, 다음 학기에도 계속 공부하지요?

나　나　아니요, 다음 학기에 고향으로 돌아가요.

스티븐　그래요? 왜 갑자기 돌아가게 됐어요?

나　나　사정이 좀 있어서요.

스티븐　그래요? 같이 공부할 수 없게 돼서 아쉽네요.

나　나　고향에 가면 친구들이 많이 그리울 것 같아요. 정이 많이 들었는데…….

스티븐　그래도 고향에 가니까 좋지 않아요?

나　나　가족을 만날 수 있어서 좋기는 하지만 한국을 떠나는 건 아쉬워요.

연습1

1)
- 한국에 오다
- 사정이 있다
- 같이 공부할 수 없다
- 그립다

2)
- 한국어 공부를 시작하다
- 일이 있다
- 헤어지다
- 보고 싶다

시간이 지나가다 time goes by　사정이 있다 to have a reason/situation

연습2 한국 생활에 대해서 친구들과 이야기해 보세요.
Talk about life in Korean with your classmates.

한국에 온 지 얼마나 됐어요?

고향에 돌아가면 뭐가 제일 그리울 것 같아요?

후회가 되는 일도 있어요?

· · ·

문법과 표현 2 Grammar and Expression 2

1-1. A-다, V-ㄴ다/는다

track 85

시간이 빨리 지나간다.

예

- 바람이 불어서 시원하**다**.
- 사람이 너무 많아서 표 사기가 어렵**다**.
- 나는 매일 아침 8시에 학교에 **간다**.
- 나는 자기 전에 책을 읽**는다**.

연습1 여러분에 대해 [보기]와 같이 써 보세요. 친구가 쓴 것을 선생님이 읽어 주면 듣고 누구인지 맞혀 보세요.

Write about yourself as shown in the example. Your teacher will read the statements that your classmates wrote. Then guess who the person is.

보 기

- 나는 머리가 짧다.
- 나는 노래를 잘한다.
- 나는 한국 노래를 좋아한다.
- 나는 한국 친구가 많지 않다.
- 나는 지난 방학에 고향에 다녀왔다.

1-2. N(이)다

 track 86

내일부터 방학이다.

예
- 여기는 내가 졸업한 학교**다**.
- 나는 대학생**이다**.
- 어제는 내 생일**이었다**.

연습1 [보기]와 같이 빈칸에 알맞은 말을 넣어 문장을 만들어 보세요.
Complete the sentences as shown in the example.

보 기	어제는 일요일이었다.
1	오늘은 ______________.
2	우리 반 학생은 모두 ______________.
3	지금 가장 하고 싶은 것은 ______________.
4	어렸을 때 내 꿈은 ______________.
5	______________.

말하기 2 Speaking 2

track 87

시간이 참 빨리 지나간다. 처음 한국에 왔을 때 겨울이었는데 지금은 봄, 여름이 지나고 가을이 되었다. 한국의 계절은 우리 나라와 아주 다르다. 우리 나라는 계절의 변화가 거의 없고 일 년 내내 따뜻한 편이다. 하지만 한국은 사계절이 있다. 한국은 봄에 날씨가 따뜻하고 꽃이 많이 핀다. 여름에는 날씨가 매우 덥고 습도가 높다. 또 장마가 있어서 비가 많이 온다. 내가 제일 좋아하는 계절은 가을이다. 10월이 되면 날씨가 쌀쌀해지고 단풍이 든다. 사람들은 단풍을 구경하러 산에 간다. 겨울에는 기온이 영하로 내려가는 날이 많고 눈이 자주 내린다. 나는 스키를 타 본 적이 없어서 이번 겨울에 친구들과 스키장에 가 보려고 한다. 빨리 겨울이 왔으면 좋겠다.

연습1

1)
- 꽃이 많이 피다
- 습도가 높다
- 단풍이 들다
- 눈이 자주 내리다

2)
- 바람이 많이 불다
- 태풍이 오다
- 나뭇잎이 떨어지다
- 얼음이 얼다

내내 all the time　매우 very

연습2 친구들과 이야기한 후 [보기]와 같이 써 보세요.
Interview your classmates and write about it as shown in the example.

언제 한국에 왔어요?

저는 한국에 온 지 벌써 세 달이 됐어요. 처음 한국에 왔을 때는 날씨가 더워서 좀 힘들었어요.

요즘 한국 생활은 어때요?

고향에 돌아가기 전에 한국에서 하고 싶은 일이 있어요?

· · ·

보 기 한국에 온 지 벌써 세 달이 되었다. 시간이 정말 빨리 지나갔다.

듣고 말하기 Listening and Speaking

준비 요즘 날씨는 어떻습니까?
What is the weather like these days?

듣기1 잘 듣고 빈칸에 알맞은 말을 써넣으세요. track 88
Listen carefully and complete the sentences.

1) 지금 계절은 ____________이다.

2) 이 프로그램을 시작한 지 ____________이/가 되었다.

3) 이 프로그램은 매일 ____________에 방송을 한다.

준비 여러분의 한국 생활을 한 단어로 말하면 뭐라고 할 수 있습니까?
How can you best represent your life in Korea with one word?

재미있다 힘들다 아쉽다 ?

듣기2 잘 듣고 질문에 답하세요. track 89
Listen carefully and answer the following questions.

1) 이 사람은 언제 고향으로 돌아갑니까?

① 일주일 후 ② 한 달 후 ③ 일 년 후

2) 이 사람에 대한 내용으로 맞지 않는 것을 고르세요.

① 한 달 전에 부산에 간 적이 있다.

② 친구들과 헤어지는 것이 아쉽다.

③ 여행을 조금밖에 못 해서 후회가 된다.

3) 이 사람이 친구들에게 하고 싶은 말은 무엇입니까? 써 보세요.

____

말하기 한국 생활에서 가장 기억에 남는 일에 대해 이야기해 보세요.
Talk about the event that has been most memorable to you while living in Korea.

한국 생활에서 가장 기억에 남는 일이 뭐예요?

김치를 직접 담가 본 것이 가장 기억에 남아요.

왜 그게 가장 기억에 남아요?

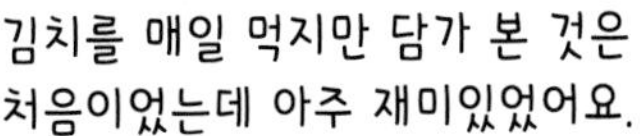
김치를 매일 먹지만 담가 본 것은 처음이었는데 아주 재미있었어요.

· · ·

김치를 담그다 to make kimchi

읽고 쓰기 Reading and Writing

준비 여러분이 한국에 와서 만난 사람 중에 기억에 남는 사람은 누구입니까?
Talk about a memorable person you have met in Korea.

읽기 다음을 읽고 질문에 답하세요.
Read the passage and answer the following questions.

아버지, 어머니 감사했습니다

2급 박창미

나는 작년에 한국에 온 적이 있다. 한국에 온 것은 그때가 처음이었다. 여름 방학에 3주 동안 한국어를 배우러 왔는데 그때 홈스테이를 했다. 홈스테이 가족들은 나를 진짜 가족처럼 대해 주셨다.

홈스테이 어머니는 식사 때마다 맛있는 음식을 많이 해 주셨다. 그리고 "배고플 테니까 많이 먹어요."라고 하시면서 음식을 항상 더 주셨다. 그때는 한국어를 잘 못했기 때문에 배가 불렀지만 계속 먹었다.

헤어질 때 가족들은 눈물을 흘리셨다. 내가 한국말을 잘했으면 "가족처럼 대해 주셔서 정말 감사했습니다. 잊지 않을게요."라고 말했을 것이다. 하지만 그때는 할 수가 없었다.

그리고 다시 한국에 온 지 벌써 세 달이 다 되었다. 한국에 처음 왔을 때보다 한국어 실력이 많이 늘었다. 홈스테이 가족과 다시 만나면 그때 하지 못한 말을 꼭 하고 싶다. "아버지, 어머니 감사합니다. 그리고 정말 배불렀어요."

출처 : 제8회 서울대학교 한국어 말하기 대회 발표문 일부 수정

홈스테이를 하다 to stay with a local family　대하다 to treat　배(가) 부르다 to have a full stomach　눈물을 흘리다 to shed tears
실력이 늘다 to improve oneself

1) 이 사람에 대한 설명으로 맞는 것을 고르세요.

① 이번에 한국에 처음 왔다.

② 가족들을 만나러 한국에 왔다.

③ 한국어를 전보다 잘하게 되었다.

2) 이 사람은 배가 부른데 왜 음식을 계속 먹었습니까?

____

쓰기 여러분이 만난 한국 사람 중에서 가장 기억에 남는 사람에 대해서 써 보세요.

Write about the most memorable person you have met in Korea.

과 제 Task

한국 생활을 잘할 수 있는 방법을 친구와 이야기해 보세요.

Talk with your classmates about ways to enjoy life in Korea.

한국 생활을 잘할 수 있는 자기만의 방법을 생각해 보세요.
Think about your own ways of enjoying life in Korea.

팀을 나누어 한국 생활을 잘할 수 있는 방법을 서로 이야기하고 10가지 정도로 정리해 보세요.
Devide into teams and talk about ways to enjoy life in Korea, and make a top 10 list.

 팀별로 나와서 정리한 내용을 발표해 보세요.
Present your group list to the class.

한국에서 즐겁게 생활하는 방법

- 동호회에 가입한다.
- 시간이 있으면 아르바이트를 한다.

. . .

문화 산책 Culture Note

준비 여러분은 한국 시를 읽어본 적이 있습니까?
Have you read a Korean poem?

알아 보기

눈 내리는 밤

강소천

말없이
소리 없이
눈 내리는 밤

누나도 잠이 들고
엄마도 잠이 들고

말없이
소리 없이
눈 내리는 밤

나는 나하고 이야기하고 싶다.

생각 나누기 위 시와 같이 계절에 어울리는 시를 써 보세요.
Write a similar poem for another season.

말없이 without saying anything

발 음 Pronunciation

준비 밑줄 친 곳의 발음에 주의해서 읽어 보세요. track 90
Read the following passage paying attention to the underlined words.

아버지, 어머니 감사했습니다.

나는 작년 여름에 한국에 온 적이 있습니다. 3주 동안 한국말을 배우러 왔는데 그때 홈스테이를 했습니다. 홈스테이 가족들은 나를 진짜 가족처럼 대해 주셨습니다.

헤어질 때 가족들은 눈물을 흘리셨습니다. 내가 한국말을 잘했으면 "감사했습니다. 잊지 않을게요."라고 했을 것입니다. 하지만 그때는 할 수가 없었습니다.

지금은 한국어 실력이 많이 늘었습니다. 홈스테이 가족과 다시 만나면 그때 하지 못한 말을 꼭 하고 싶습니다.

자기 평가 Self-Check

1. 다음 중 아는 단어에 ✓ 하세요.
   Check all the words that you know.

☐ 그립다	☐ 아쉽다	☐ 정(이) 들다	☐ 후회가 되다
☐ 건조하다	☐ 습도가 높다	☐ 단풍이 들다	☐ 얼음이 얼다
☐ 쌀쌀하다	☐ 태풍이 오다	☐ 나뭇잎이 떨어지다	☐ 사정이 있다

2. 알맞은 것을 골라 대화를 만들어 보세요.
   Complete each dialogue using the word in parentheses and the appropriate grammar form in the box.

–(으)ㄴ 지　　　(이)나

1) A 언제부터 한국어를 배웠어요?
   B 올해 3월부터 배웠어요. 한국어를 ______________ 6개월 정도 됐어요. (배우다)

2) A 저는 경주에 세 번 가 봤어요.
   B ______________ 가 봤어요? 저는 아직 못 가봤어요. (세 번)

3. 다음을 [보기]와 같이 바꿔 보세요.
   Change the following sentences as shown in the example.

제 취미는 축구예요. 일주일에 한 번 축구를 해요. 축구를 하면 기분이 좋아져요.

→ 내 취미는 축구다. 일주일에 한 번 축구를 ______________. 축구를 하면 기분이 ______________.

정답

2. 1) 배운 지 2) 세 번이나 3. 한다, 좋아진다

번 역 Translation

어휘

그립다	to miss
아쉽다	to feel sorry
정(이) 들다	to become emotionally attached
후회(가) 되다	to feel regret
기억에 남다	to remain in memory

꽃이 피다	to have flowers bloom
바람이 불다	to have the wind blow
건조하다	to be dry
장마가 시작되다	to have the start of the rainy season
태풍이 오다	to have a typhoon come
습도가 높다	to have high humidity
단풍이 들다	to have leaves change color
나뭇잎이 떨어지다	to have leaves fall
쌀쌀하다	to be chilly
얼음이 얼다	to freeze
눈이 내리다	to have snow fall
기온이 영하로 내려가다	to have temperature drop below freezing

말하기 1

Steven It's already been six months since we came to Korea.

Nana That's right. Time seems to fly.

Steven Nana, aren't you going to continue studying next semester?

Nana No, I'll go back to my hometown next semester.

Steven Really? Why do you go back so suddenly?

Nana Something has happened.

Steven Really? I am sorry that we won't be able to study together.

Nana I am going to miss my friends when I go back to my hometown. I've really become emotionally attached to them.

Steven But still aren't you happy about going back to your hometown?

Nana It will be good to see my family, but I'll be sorry to leave Korea.

말하기 2

Time flies. It was winter when I first came to Korea. Now, spring and summer have passed and it is fall. Seasons in Korea are much different from my country. There is little seasonal change in my country and it is warm all year. But Korea has four seasons. In Korea, spring is warm and the flowers bloom. Summer is very hot and humid. And it rains a lot because of rainy season. My favorite season is fall. It gets chilly and the leaves change color in October. People go to mountains to see the autumn foliage. In winter, there are many days when the temperature drops below zero or it snows often. Because I have never skied, I am planning to go skiing this winter with my friends. I hope winter comes soon.

부록 Appendix

활동지 Activity Sheets

11과 과제 [환자]

p.62

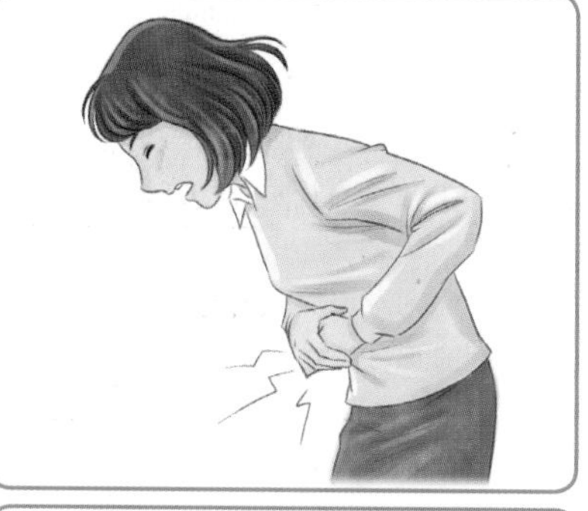

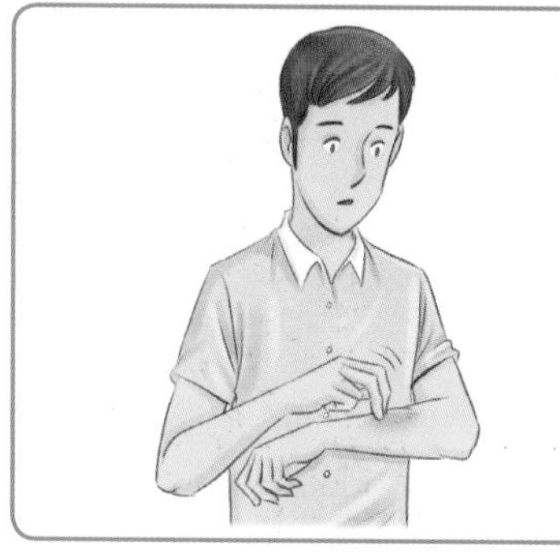

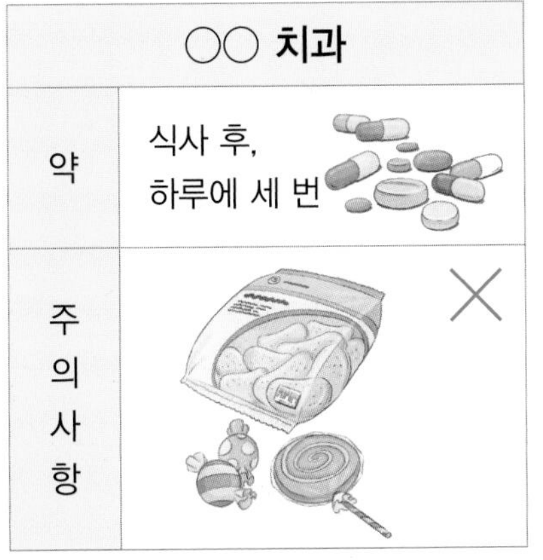
○○ 치과
약
식사 후,
하루에 세 번
주의사항
×

○○ 치과
약
아침 · 저녁,
하루에 두 번
주의사항
하루 세 번
○

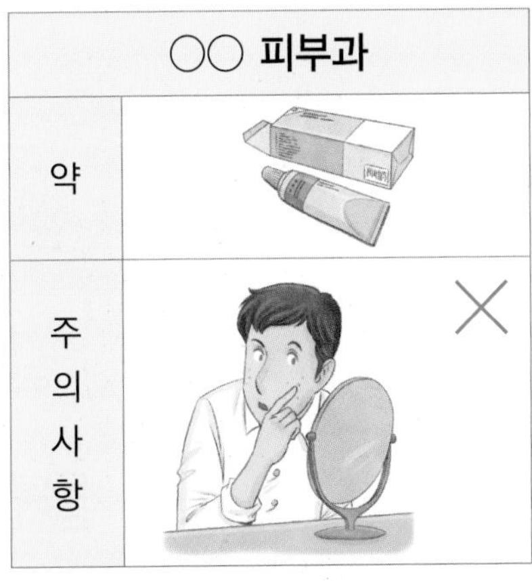
○○ 피부과
약
주의사항
×

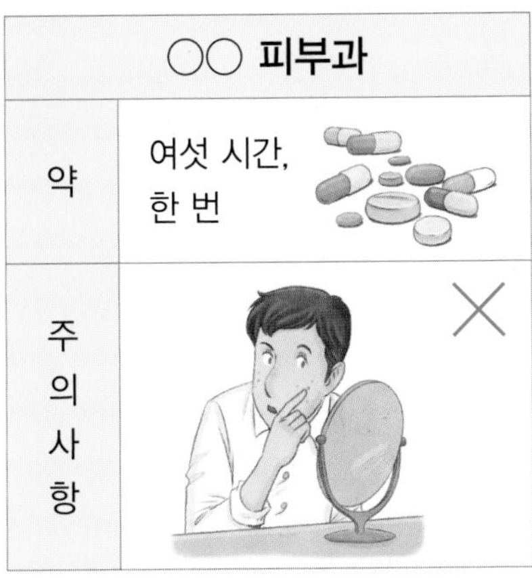
○○ 피부과
약
여섯 시간,
한 번
주의사항
×

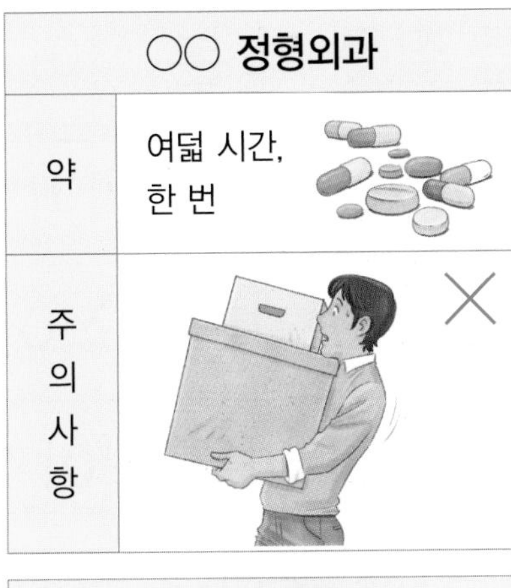
○○ 정형외과
약
여덟 시간,
한 번
주의사항
×

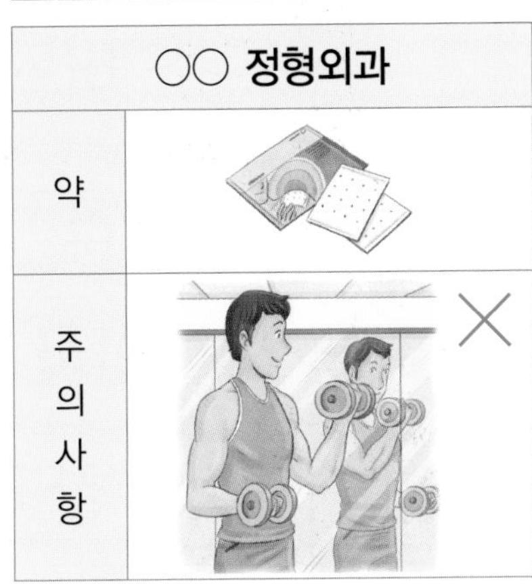
○○ 정형외과
약
주의사항
×

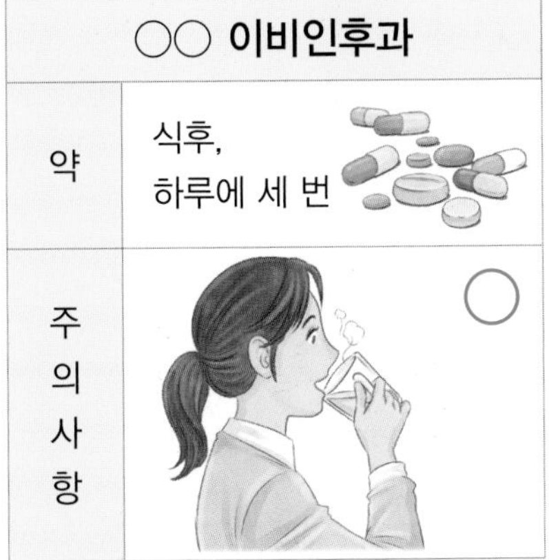
○○ 이비인후과
약
식후,
하루에 세 번
주의사항
○

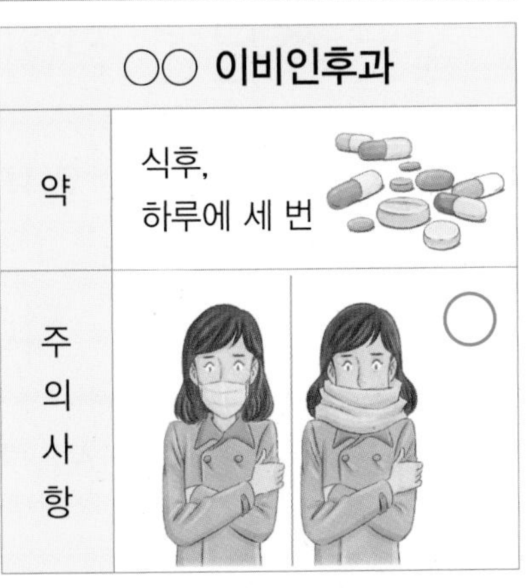
○○ 이비인후과
약
식후,
하루에 세 번
주의사항
○

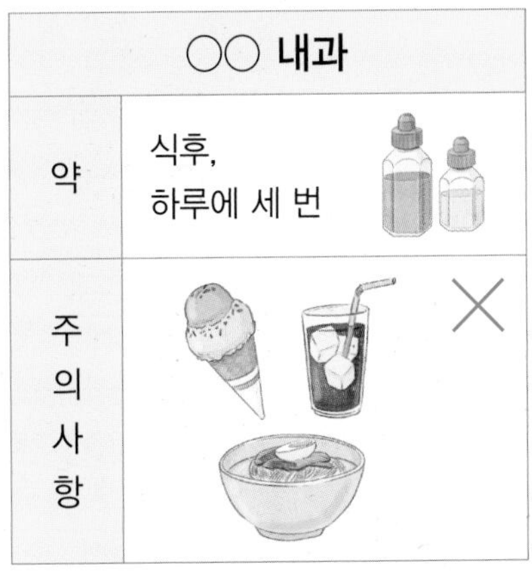
○○ 내과
약
식후,
하루에 세 번
주의사항
×

○○ 내과
약
식후,
하루에 세 번
주의사항
○

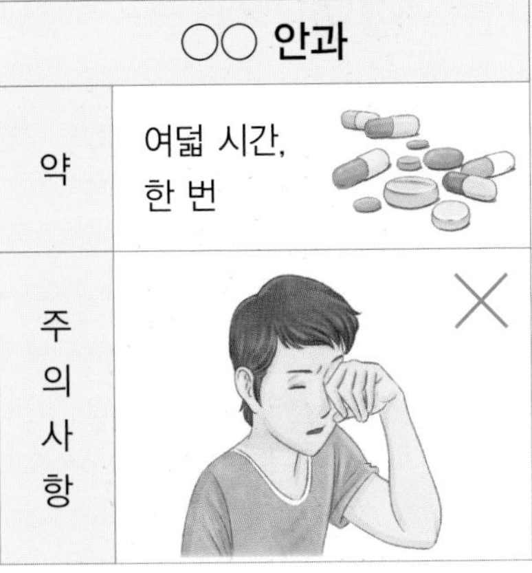
○○ 안과
약
여덟 시간,
한 번
주의사항
×

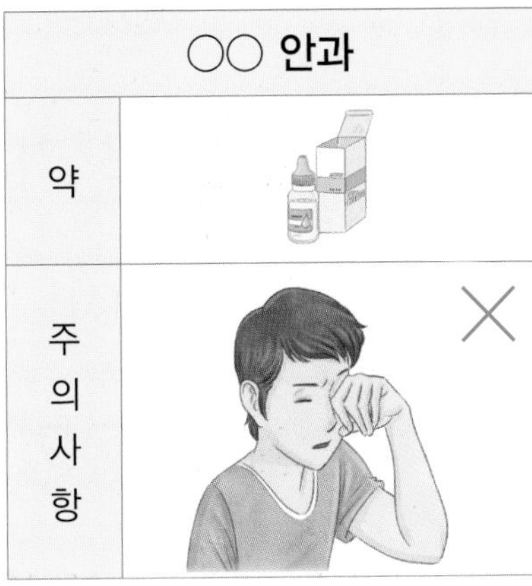
○○ 안과
약
주의사항
×

병원에 간 적이 있다
찜질방에 가 본 적이 있다
길을 잃어버린 적이 있다
물건을 잃어버린 적이 있다
버스를 잘못 타 본 적이 있다
혼자 여행을 해 본 적이 있다
한국 결혼식에 가 본 적이 있다
한국 사람과 싸운 적이 있다
음식을 잘못 주문한 적이 있다
한국 친구를 사귀어 본 적이 있다
한국 음식을 만들어 본 적이 있다
한국인 룸메이트와 같이 산 적이 있다
한국 사람 집에 가 본 적이 있다
한국 가수 콘서트에 가 본 적이 있다
신문이나 잡지, 방송에 나온 적이 있다
유명한 사람을 만난 적이 있다

〈인생 그래프 그리기〉

10
5
-5
-10
5
10
15
20
25
30
나이

윷판

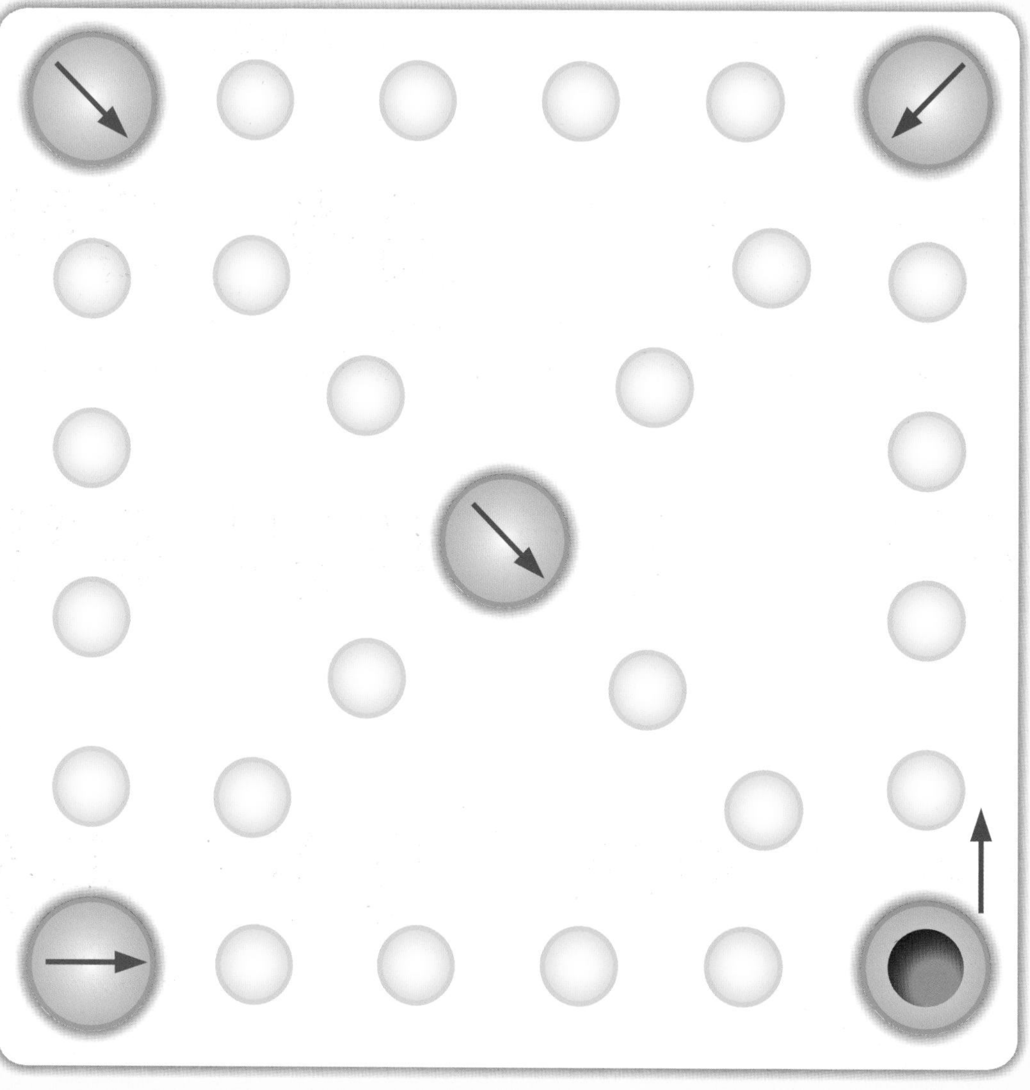

아버지	어머니	선생님	할아버지
아이	친구	동생	할머니
공항	집	지하철역	유치원
시장	학교	병원	우산
물	가방	휴대 전화	신문

p.189

17과 과제 (1)

p.196

5511

서울대학교입니다

학생~ 가방~

5511
5511

여권
PASSPORT

여권
PASSPORT

문법 해설 Grammar Extension

10과

1. N 중에(서)

p.28

두 개 이상의 사물 가운데서 하나를 골라 말할 때 사용한다.
'중에(서)' is used to indicate a selection of one among two or more.

명사 뒤에 쓴다. '중에(서)' is used with nouns.

받침 ×	받침 ○
친구 → 친구 **중에서**	음식 → 음식 **중에서**

예) 저는 한국 음식 **중에서** 불고기를 가장 좋아해요.
유진 씨는 우리 반 학생 **중에** 한국말을 제일 잘해요.
저는 운동 **중에서** 축구가 제일 재미있어요.

하나의 장소로 인식되는 명사와 결합할 때는 '에서'를 쓴다.
'N에서' is used for location nouns understood to be as one unit. Only nouns perceived to be plural can take the form 'N 중에서'.

예) 우리 반**에서** 유진 씨가 한국말을 제일 잘해요.
세계**에서** 에베레스트 산이 제일 높아요.
이 근처**에서** 이 식당이 제일 맛있어요.

2. 반말

p.29

대화하는 사람의 관계가 매우 친밀할 때 사용할 수 있으며, 높이지도 낮추지도 않는 말이다.
This style is typically used in settings where the social distance between speakers is very close. In this context, it neither elevates nor lowers the listener; it is neutral.

반말의 종결어미는 해요체의 '-아요/어요'에서 '-요'를 제외한 형태를 사용한다. 명사가 선행될 경우 '(이)야'를 사용한다.
To make banmal: when conjugating verbs and adjectives, remove '-요' from '-아요/어요'. When conjugating the '이다' verb, '(이)야' is used.

	ㅏ, ㅗ	하다	ㅓ, ㅜ, ㅣ···
형용사	**좋아**	따뜻**해**	멀**어**
명사	**가**	좋아**해**	읽**어**

	받침 ×	받침 ○
명사	친구**야**	학생**이야**

예) 오늘 바**빠**?
- 아니, 괜찮**아**.
이 음악 좋**지**?
- 응, 참 좋**아**.

오늘 수업 끝나고 뭐 **해**?
– 집에 가서 시험공부 해야 **돼**.
내일 아침에 늦**지 마**.
– 알았**어**. 일찍 올**게**.
이 옷은 나한테 작을**까**?
– 아마 작을 거**야**.
주말에 뭐 할 거**야**?
– 집에서 쉴 거**야**.
저 사람은 누구**야**?
– 우리 형이**야**.

높임말을 반말로 바꿀 때 어미뿐만 아니라 어휘도 함께 바꿔야 하는 경우가 있다.
When honorific language is changed to banmal, some words take different forms.

예) **민수 씨**도 같이 영화 보러 갈 거지요? (→ **너**도 같이 영화 보러 갈 거지?)
– **네**, **저**도 갈 거예요. (→ **응**, **나**도 갈 거야.)
– **아니요**, **저**는 시간이 없어서 못 가요. (→ **아니**, **나**는 시간이 없어서 못 가.)

친구나 아랫사람에게 반말로 권유나 제안, 요청을 하고자 할 경우 '–자'를 사용한다.
'–자' is used when recommending, suggesting, requesting something to friends or social inferiors.

동사와 결합한다. '–자' is added to verb stems.

	받침 ×	받침 ○
동사	가다 → 가**자**	먹다 → 먹**자**

예) 피곤한데 집에 빨리 가**자**.
돈이 모자라니까 그거 사지 말**자**.

친구나 아랫사람에게 반말로 물어보고자 할 경우 '–아/어', '–(으)니/니', '–(으)냐/느냐'를 사용한다. 그러나 '–(으)니/니', '–(으)냐/느냐'는 청자의 사회적 지위가 더 낮을 때만 사용할 수 있다.
'–아/어', '–(으)니/니' and '–(으)냐/느냐' are interrogative endings used when speaking to social inferiors or between close friends. However, '–(으)니/니' and '–(으)냐/느냐' can be used only to social inferiors.

예) 민수 형, 어디 **가**? (○)
민수 형, 어디 가**니**/가**느냐**? (×)

'–(으)니/니', '–(으)냐/느냐'는 구어에서 선행 용언의 품사에 관계없이 '–니', '–냐'로 쓰는 경우도 많다.
In spoken language, '–(으)니/니', and '–(으)냐/느냐' become frequently '–니', or '–냐' as follows.

예) 오늘 기분이 좋**으니**? (→ 좋**니**?)
날씨가 많이 추**우냐**? (→ 춥**냐**?)
오늘 학교에 가**느냐**? (→ 가**냐**?)

3. V-(으)ㄹ래요

p.32

평서문에서는 말하는 사람이 어떤 일을 할 의향이나 의지가 있음을 나타내고 의문문에서는 어떤 일이나 선택에 대해 상대방의 의사나 의향을 묻거나 권유함을 나타낸다.

When '-(으)ㄹ래요' is used as a statement, it indicates the speaker's intention or will. When used as a question, it is used to ask the listener's intention or to recommend an option.

동사와 결합한다. '-(으)ㄹ래요' is added to verb stems.

	받침 ×	받침 ○
동사	가다 → **갈래요**	먹다 → 먹**을래요**

예) 저는 그냥 집에 **갈래요**.
불고기 만들었는데 좀 먹**을래요**?
내일이 추석인데 같이 송편 만**들래요**?

'-(으)ㄹ래요'는 일반적으로 격식적인 상황에서는 사용하지 않는다.

In general, '-(으)ㄹ래요' is not used in official settings.

예) 누가 먼저 발표하시겠습니까?
- 제가 할**래요**. (×)
- 제가 하겠습니다. (○)

'-(으)ㄹ래요'와 '-고 싶다'(1권 15과)의 비교

Distinguishing '-(으)ㄹ래요' from '-고 싶다'(Level 1 Unit 15)

V-(으)ㄹ래요	V-고 싶다
• 현재 상황에서 어느 것을 선택하겠다거나 무엇을 하겠다는 구체적인 의사 표현이다. '-(으)ㄹ래요' clearly expresses intention or decision in a present situation. 예) 저는 커피 마**실래요**.	• 실현 가능성을 고려하지 않은 단순한 희망을 나타낸다. '-고 싶다' simply expresses desire without considering possibility. 예) 세계 여행을 하**고 싶어요**.

4. A-(으)ㄴ데, V-는데, N인데 2

p.33

앞선 사실에 대해 예상 밖의 결과나 상황이 뒤에 이어지거나 대조되는 두 가지 사실을 표현할 때 쓴다.

These forms are used to express unexpected outcome or contrast between two clauses.

형용사, 동사, 명사와 결합한다.

'-(으)ㄴ데' is added to adjective stems, '는데' is added to verb stems, and '인데' is added to nouns.

	받침 ×	받침 ○
형용사	크다 → **큰데**	좋다 → 좋**은데**
동사	가다 → 가**는데**	먹다 → 먹**는데**
명사	친구 → 친구**인데**	학생 → 학생**인데**

예) 이 집은 학교에서 가까워서 좋**은데** 관리비가 비싸요.
나는 돼지고기는 먹**는데** 소고기는 안 먹어요.
그 사람 얼굴은 **아는데** 이름은 몰라요.
우리는 친한 친구**인데** 성격이 아주 달라요.
중간시험은 잘 봤**는데** 기말시험은 못 봤어.

'-(으)ㄴ데/는데/인데'를 사용하여 대조의 의미를 나타낼 때는 대조의 의미를 강조하기 위해 조사 '은/는'을 사용하는 경우가 많다.

When '-(으)ㄴ데/는데/인데' is used to express contrast, the particle '은/는' is frequently appended to the nouns being contrasted to emphasize the contrast.

예) 어제**는** 비가 왔는데 오늘**은** 눈이 와요.
김치**는** 좋아하는데 김치찌개**는** 안 좋아해요.
부산에서 생선회 먹어 봤어요?
– 매운탕**은** 먹어 봤는데 생선회**는** 안 먹어 봤어요.

11과

1. 'ㅅ' 불규칙

p.50

어간 끝음절의 받침 'ㅅ'이 모음 어미 앞에서 탈락한다. 'ㅅ' 불규칙 용언에는 '낫다, 짓다, 붓다, 젓다' 등이 있다.

When some verb stems ending in the final consonant 'ㅅ' are followed by a vowel, 'ㅅ' is dropped. '낫다, 짓다, 붓다, 젓다' are examples of 'ㅅ' irregular verbs.

	-아요/어요	-습니다/ㅂ니다	-(으)니까	-아서/어서	-(으)ㄴ데/는데
낫다	나아요	낫습니다	나으니까	나아서	낫는데
짓다	지어요	짓습니다	지으니까	지어서	짓는데
붓다	부어요	붓습니다	부으니까	부어서	붓는데
젓다	저어요	젓습니다	저으니까	저어서	젓는데

예) 감기약을 먹었는데 감기가 안 **나아요**.
아키라 씨 이름은 누가 **지었어요**?
목이 많이 **부었어요**.
설탕을 넣었으니까 잘 **저어서** 드세요.

'웃다', '씻다' 등은 규칙 용언이므로 'ㅅ' 불규칙 활용을 하지 않는다.

'웃다' and '씻다' are not 'ㅅ' irregular verbs.

예) 너무 **웃어서** 배가 아파요.
저는 집에 도착하면 바로 손을 **씻어요**.

2. N마다

p.51

'빠짐없이, 모두'의 뜻을 나타낸다.

'마다' expresses 'every' or 'each'.

명사와 결합한다. '마다' attaches to nouns.

	받침 ×	받침 ○
명사	나라 → 나라**마다**	사람 → 사람**마다**

예) 일요일**마다** 등산을 가요.

이 약은 여섯 시간**마다** 먹으면 돼요.

나라**마다** 국기가 달라요.

사람**마다** 성격이 달라요.

'날마다', '주마다', '해마다'는 각각 '매일', '매주', '매년'으로 바꿔 쓸 수 있다. '매'와 '마다'를 중복해서 사용하지 않는다.

'날마다', '주마다', and '해마다' can be changed into '매일', '매주', and '매년' respectively. '매' and '마다' cannot be used together.

예) 매일마다(×), 매주마다(×), 매년마다(×)

3. V–는 게 어때요?

p.54

어떤 일을 조언하거나 권유할 때 사용한다.

'–는 게 어때요?' is used when advising or recommending to do the preceded action.

동사와 결합한다. '–는 게 어때요?' is added to verb stems.

	받침 ×	받침 ○
동사	가다 → 가**는 게 어때요**	먹다 → 먹**는 게 어때요**

예) 길이 막히는데 지하철을 타**는 게 어때요**?

내일은 바쁘니까 오늘 만나**는 게 어때요**?

이 옷이 더 잘 어울리는데 이걸 입**는 게 어때요**?

4. V–기로 하다

p.55

어떤 일을 할 것을 결정하거나 약속함을 나타낸다.

'–기로 하다' indicates the making of a decision or promise to do something.

동사와 결합한다. '–기로 하다' is added to verb stems.

	받침 ×	받침 ○
동사	가다 → 가**기로 하다**	먹다 → 먹**기로 하다**

예) 주말에 친구랑 부산에 가**기로 했어요**.

다음 주 수요일에 같이 저녁을 먹**기로 했어요**.

올해부터는 술을 마시지 않**기로 했어요**.

'-기로 하다'의 '하다'는 문맥에 따라 '약속하다, 결심하다' 등의 동사로 바꿀 수 있다.
'하다' in this context may be replaced by '약속하다' or '결심하다' depending on the context.

예) 내일 다시 만나**기로 했어요**.
→ 내일 다시 만나**기로 약속했어요**.
이제 담배를 피우지 않**기로 했어요**.
→ 이제 담배를 피우지 않**기로 결심했어요**.

12과

1. A-아/어 보이다

p.72

어떤 대상을 보고 짐작하거나 판단한 내용을 표현할 때 쓴다.
'-아/어 보이다' is used to express one's guess or judgement on something by its appearance.

형용사와 결합한다. '-아/어 보이다' is added to adjective stems.

	ㅏ, ㅗ	하다	ㅓ, ㅜ, ㅣ···
형용사	좋다 → 좋**아 보이다**	편하다 → 편**해 보이다**	어리다 → 어**려 보이다**

예) 기분이 나**빠 보여요**. 무슨 안 좋은 일 있어요?
피곤**해 보이는데** 좀 쉬세요.
저희 어머니는 연세보다 젊**어 보이세요**.

2. N처럼[같이]

p.73

앞에 오는 명사의 전형적인 특징과 비슷함을 나타낸다.
'처럼[같이]' preceded by a noun, expresses that something is 'like' the typical characteristics of the noun.

명사와 결합한다. '처럼[같이]' attaches to nouns.

	받침 ×	받침 ○
명사	가수 → 가수**처럼**	여름 → 여름**처럼**

예) 히엔 씨는 배우**처럼** 예쁘게 생겼어요.
봄인데 날씨가 여름**처럼** 덥네요.
민수와 저는 가족**같이** 지내요.

3. A-(으)ㄴ 편이다, V-는 편이다

p.76

어떤 사실에 대해 그것이 대체로 어떤 쪽에 가깝다고 평가할 때 사용한다.
'-(으)ㄴ/는 편이다' is used to express that something has a tendency toward a certain condition.

형용사, 동사와 결합한다. '-(으)ㄴ/는 편이다' is added to adjective stems or verb stems.

	받침 ×	받침 ○
형용사	나쁘다 → 나쁜 **편이다**	좋다 → 좋은 **편이다**
동사	자다 → 자는 **편이다**	먹다 → 먹는 **편이다**

예) 그 가게는 좀 비**싼 편이에요**.
　한국은 산이 많**은 편이에요**.
　저는 좀 일찍 자**는 편이에요**.

4. A-게

p.77

뒤에 나오는 행위의 정도나 방식 등을 나타낸다.
'-게' typically expresses some degree or means of an action.

형용사와 결합한다. '-게' is added to adjective stems.

	받침 ×	받침 ○
형용사	예쁘다 → 예쁘**게**	짧다 → 짧**게**

예) 선생님, 글씨 좀 크**게** 써 주세요.
　머리를 짧**게** 잘랐어요.

형용사를 부사어로 사용할 때 '-게'를 붙이는 것이 일반적이지만 '멀리, 천천히, 빨리, 깨끗이' 등과 같이 별도의 부사가 존재하는 경우도 있다. 이때 '-게'를 붙인 부사형과 '-이'가 붙은 부사는 사용 빈도나 의미에서 차이가 나기도 한다.
Adjectives are frequently used as adverbials by adding '-게' to the adjective stem. However, some adverbs such as '멀리, 천천히, 빨리, 깨끗이' are separate lexical adverbial forms, which are different from the '-게' form in both frequency of use and meaning.

예) **멀리** 이사 갔어요. (공간적 거리 spatial distance)
　그 사람이 왠지 **멀게** 느껴져요. (심리적 거리 mental distance)

13과

1. A/V-(으)ㄹ지 모르겠다

p.94

걱정이나 우려되는 내용을 표현할 때 사용한다.
'-(으)ㄹ지 모르겠다' is used to express uncertainty over something that the speaker is concerned about.

형용사, 동사와 결합한다. '-(으)ㄹ지 모르겠다' is added to adjective stems or verb stems.

	받침 ×	받침 ○
형용사	크다 → **클지 모르겠다**	작다 → 작**을지 모르겠다**
동사	오다 → **올지 모르겠다**	먹다 → 먹**을지 모르겠다**

예) 음식이 입에 맞**을지 모르겠어요**.
　선물이 마음에 **들지 모르겠어요**.
　내일 시험을 잘 볼 수 있**을지 모르겠어요**.

어디에서 만나는 것이 좋**을지 모르겠어요.**

민수 씨가 아직 안 왔는데 언제 **올지 모르겠어요.**

과거에 일어난 일의 결과를 추측할 때는 '–았을지/었을지 모르겠다'를 사용한다.

'–았을지/었을지 모르겠다' expresses the speaker's speculation about something that occurred in the past, and about which the result is unknown.

예) 나나 씨가 시험을 잘 **봤을지 모르겠어요.**

그 사람이 고향에 잘 돌아**갔을지 모르겠어요.**

2. A/V–기는 하지만

p.95

앞의 사실을 인정하면서 그에 반대되는 내용을 이어 말할 때 사용한다.

'–기는 하지만' indicates that the speaker recognizes or admits the facts of the first clause, which has a contrasting relationship to the final clause.

형용사, 동사와 결합한다. '–기는 하지만' is added to adjective stems or verb stems.

	받침 ×	받침 ○
형용사	크다 → 크**기는 하지만**	작다 → 작**기는 하지만**
동사	가다 → 가**기는 하지만**	먹다 → 먹**기는 하지만**

예) 이 식당은 음식값이 싸**기는 하지만** 맛이 없어요.

이 일은 힘들**기는 하지만** 보람이 있어요.

좋아하**기는 하지만** 사랑하지는 않아요.

고기를 먹**기는 하지만** 자주 먹지는 않아요.

3. A/V–기 때문에, N(이)기 때문에

p.98

이유를 나타낸다.

'–기 때문에' indicates cause or reason.

형용사, 동사, 명사와 결합한다. '–기 때문에' is added to adjective stems, verb stems, or nouns.

	받침 ×	받침 ○
형용사	비싸다 → 비싸**기 때문에**	많다 → 많**기 때문에**
동사	가다 → 가**기 때문에**	읽다 → 읽**기 때문에**
명사	친구 → 친구**(이)기 때문에**	학생 → 학생**이기 때문에**

예) 값이 너무 비싸**기 때문에** 그냥 구경만 했습니다.

이번 주말에 고향에 돌아가야 하**기 때문에** 서둘러서 비행기 표를 샀습니다.

어제 휴대 전화를 잃어버렸**기 때문에** 친구에게 연락을 못 했습니다.

학생**이기 때문에** 공부를 열심히 해야 합니다.

명령, 청유, 제안을 나타내는 문장에서는 쓸 수 없다.

'–기 때문에' cannot be used with imperative sentences or propositive sentences.

예) 춥**기 때문에** 문을 닫으세요. (×)
시간이 없**기 때문에** 빨리 갑시다. (×)
너무 늦었**기 때문에** 이제 집에 돌아갈까요? (×)

문어체적인 표현으로 공식적인 말이나 글에 주로 쓰인다.
'-기 때문에' is mostly used in writing and formal settings.

예) 이곳은 주차 금지 구역**이기 때문에** 차를 세우실 수 없습니다.

'(이)기 때문에'와 '때문에'(8과)의 비교
Distinguishing '(이)기 때문에' from '때문에'(Unit 8)

N(이)기 때문에	N 때문에
• 생략된 주어를 가진 절이 이유가 된다. The first clause, in which the subject is omitted, is the cause for the second clause. 예) 오늘은 휴일이에요. 그래서 수업이 없어요. → (오늘은) 휴일**이기 때문에** 수업이 없어요.	• 앞에 오는 명사가 직접적인 이유가 된다. The preceding noun is the direct reason for the second clause. 예) 눈이 많이 왔어요. 그래서 늦었어요. → 눈 **때문에** 늦었어요.

4. V-기(가) A

p.99

어떤 행위에 대해 대체로 그러하다고 평가할 때 사용한다.
'-기(가) A' is used to express the speaker's general judgement or evaluation of an action.

동사와 결합한다. '-기(가) A' is added to verb stems.

	받침 ×	받침 ○
동사	가다 → 가**기(가) 편하다**	살다 → 살**기(가) 좋다**

예) 지하철역이 가까워서 회사 가**기가 편해요**.
공기가 맑아서 산책하**기가 좋습니다**.
이 의자는 좀 높아서 앉아 있**기 불편하네요**.

'-기(가)' 뒤에 올 수 있는 형용사는 '쉽다, 어렵다, 좋다, 나쁘다, 편하다, 불편하다' 등과 같은 평가나 판단을 나타내는 형용사로 제한된다.
Not all adjectives can be used with this form. This form is mostly used with adjectives such as '쉽다, 어렵다, 좋다, 나쁘다, 편하다, 불편하다', which evaluate or judge.

예) 기차를 타면 서울에 도착하기가 빠릅니다. (×)
이 음식은 먹기 맛있습니다. (×)

14과

1. V-(으)ㄴ 적(이) 있다[없다]

p.118

어떤 일의 경험 유무를 나타낸다.
'-(으)ㄴ 적(이) 있다[없다]' expresses that someone has/has not experienced something.

동사와 결합한다. '-(으)ㄴ 적(이) 있다[없다]' is added to verb stems.

	받침 ×	받침 ○
동사	가다 → **간 적이 있다[없다]**	먹다 → 먹**은 적이 있다[없다]**

예) 저는 제주도에 **간 적이 없어요.**
한강에 가서 사진을 찍**은 적이 있어요.**
한국 음식을 만**든 적이 많아요.**

시도를 나타내는 '-아/어 보다'와 결합하여 '-아/어 본 적(이) 있다[없다]'의 형태로 자주 쓰인다.
'-(으)ㄴ 적(이) 있다[없다]' is often used in combination with '-아/어 보다' which indicates trial or attempt, as follows.

예) 저는 제주도에 **가 본 적이 있어요.**
켈리 씨가 만든 음식을 먹**어 본 적이 있는데** 맛있었어요.
한국 음악을 들**어 본 적이 있어요.**

'보다'는 '봐 본 적이 있다[없다]'로 쓰는 것보다 '본 적이 있다[없다]'로 쓰는 것이 자연스럽다.
With the verb '보다', it is more appropriate to use the form '본 적이 있다[없다]', rather than '봐 본 적이 있다[없다]'.

예) 저는 한국 드라마를 **봐 본 적이 없어요.**
→ 저는 한국 드라마를 **본 적이 없어요.**

2. A/V-았을/었을 때

p.119

과거의 어떤 일이 일어나거나 존재한 시점을 나타낸다.
'-았을/었을 때' is used to indicate the point in time when something took place or existed in the past.

형용사, 동사와 결합한다. '-았을/었을 때' is added to adjective stems or verb stems.

	받침 ×	받침 ○
형용사	어리다 → 어**렸을 때**	젊다 → 젊**었을 때**
동사	만나다 → 만**났을 때**	먹다 → 먹**었을 때**

예) 어제 집에 **갔을 때** 부모님한테서 전화가 왔어요.
한국어 공부를 처음 시작**했을 때** 좀 어려웠어요.
젊**었을 때**는 운동을 많이 했는데 요즘은 거의 못 해요.

'-았을/었을 때'와 '-(으)ㄹ 때'(8과)의 비교
Distinguishing '-았을/었을 때' from '-(으)ㄹ 때'(Unit 8)

A/V-았을/었을 때	A/V-(으)ㄹ 때
• 어떤 동작이 완료된 상황을 나타낸다. '-았을/었을 때' indicates the point in time when a certain action was completed. 예) 밥을 (다) 먹**었을 때** 친구가 왔어요. → '밥을 다 먹은 후에'의 뜻 Meaning "after I have eaten a meal" 작년에 미국에 **갔을 때** 그분을 만났어요. → '미국에 가서 만났다'는 뜻 Meaning "When I was in America, I met that person"	• 어떤 일이 일어나고 있는 시간의 순간이나 동안을 나타낸다. '-(으)ㄹ 때' indicates the point of time when a certain action occurs. 예) 밥을 먹**을 때** 친구가 왔어요. → '밥을 먹고 있을 때'의 뜻 Meaning "When I was having a meal" 작년에 미국에 **갈 때** 그분을 만났어요. → '미국에 가는 동안 만났다'는 뜻 Meaning "On the way to America, I met the person"
• 일정한 시기 동안을 나타낼 때는 '-았을/었을 때'와 '-(으)ㄹ 때' 모두 가능하다. When indicating that something occurred during a set time period, both '-았을/었을 때' and '-(으)ㄹ 때' may be used. 예) 나는 어**릴 때** 미국에 산 적이 있어요. 나는 어**렸을 때** 미국에 산 적이 있어요. 작년에 부산에 **살 때** 그 사람을 처음 만났어요. 작년에 부산에 살**았을 때** 그 사람을 처음 만났어요.	

3. V-아도/어도 되다

p.122

어떤 행위에 대한 허용이나 허락을 나타낸다.

'-아도/어도 되다' is used to express permission to do an action.

동사와 결합한다. '-아도/어도 되다' is added to verb stems.

	ㅏ, ㅗ	하다	ㅓ, ㅜ, ㅣ…
동사	가다 → **가도 되다**	전화하다 → 전화**해도 되다**	찍다 → 찍**어도 되다**

예) 이 일이 끝나면 집에 **가도 돼요**.

이 컴퓨터를 사용**해도 돼요**?

이거 제가 먹**어도 돼요**?

– 네, 먹**어도 돼요**.

숙제를 오늘까지 내야 해요?

– 아니요, 내일 내**도 돼요**.

'되다' 대신에 '괜찮다'를 사용해도 의미가 비슷하다.

Instead of '되다', '괜찮다' can be used.

예) 이거 먹**어도 괜찮아요**?

먼저 퇴근**해도 돼요**?

– 네, 일을 다 했으면 **가도 괜찮아요**.

4. V-(으)면 안 되다

p.123

어떤 행위에 대해 허용이나 허락을 하지 않음을 나타낸다.
'-(으)면 안 되다' expresses denying permission or approval for an action.

동사와 결합한다. '-(으)면 안 되다' is added to verb stems.

	받침 ×	받침 ○
동사	보다 → 보**면 안 되다**	먹다 → 먹**으면 안 되다**

예) 시험 시간에 사전을 보**면 안 됩니다**.
여기에서 사진을 찍**으면 안 돼요**.
도서관에서 큰 소리로 떠**들면 안 됩니다**.

이중 부정 '-지 않으면 안 되다'는 '-아야/어야 되다'와 의미상 유사하나 당위나 의무가 더욱 강조된다.
Using double negation '-지 않으면 안 되다' emphasizes obligation more strongly than using '-아야/어야 되다', which is similar in meaning.

예) 지금 가**지 않으면 안 됩니다**.
→ 지금 꼭 **가야 합니다**.

15과

1. A-아지다/어지다

p.140

상태의 변화를 나타낸다.
'-아지다/어지다' indicates a change to a certain condition.

형용사와 결합한다. '-아지다/어지다' is added to adjective stems.

	ㅏ, ㅗ	하다	ㅓ, ㅜ, ㅣ···
형용사	비싸다 → 비**싸지다**	따뜻하다 → 따뜻**해지다**	쉽다 → **쉬워지다**

예) 서울에 외국 사람이 많**아졌어요**.
날씨가 많이 따뜻**해졌지요**?
시험이 지난번보다 좀 **쉬워졌어요**.
머리를 자르면 분위기가 좀 **달라질 거예요**.

2. V-게 되다

p.141

자신의 의지와 관계없이 어떤 상황에 이르게 되었음을 나타낸다.
'-게 되다' indicates that something turns out a certain way regardless of the speaker's will.

동사와 결합한다. '-게 되다' is added to verb stems.

	받침 ×	받침 ○
동사	하다 → 하**게 되다**	먹다 → 먹**게 되다**

예) 한국 친구를 사귀고 나서 한국말을 잘하**게 됐어요.**
그 사람과 사랑에 빠지**게 됐어요.**
한국에 와서 음식을 자주 만들어 먹**게 되었어요.**

변화의 결과가 아닌 예정된 변화를 나타내는 경우도 '-게 되었다'와 같이 과거 시제를 사용한다. 이는 변화가 아직 일어난 것은 아니지만 새로운 상황에 이르게 된 외부적인 결정이 이미 내려졌음을 나타낸다.

'-게 되다' can be used to express the result of something that is scheduled to be changed. Even though a planned change has not occurred yet, the past form '-게 되었다' can be used because the change has already been scheduled.

예) 취직을 해서 고향으로 돌아가**게 되었어요.**
내년부터 2년 동안 서울에서 살**게 됐어요.**

3. V-기 전에

p.144

어떤 행위나 사건이 시간상 앞임을 나타낸다.

'-기 전에' expresses the idea "before doing the action of the preceding verb".

동사와 결합한다. '-기 전에' is added to verb stems.

	받침 ×	받침 ○
동사	가다 → 가**기 전에**	먹다 → 먹**기 전에**

예) 바다에 들어가**기 전에** 준비 운동을 해야 돼요.
한국으로 유학 오**기 전에**도 김치를 잘 먹었어요.
출발하**기 전에** 전화 주세요.
이 약은 밥을 먹**기 전에** 먹어야 돼요.

명사 바로 뒤에 '전에'가 오기도 한다.

'전에' is also used after nouns.

예) 식사 **전에** 손을 씻으세요.
10분 **전에** 왔어요.

'부터', '까지' 등의 조사와 함께 쓸 때는 '에'를 생략하기도 한다.

When this form is used with particles such as '부터' or '까지', '에' can be omitted.

예) 한국에 오**기 전부터** 한국어를 배웠어요.
수업 시작하**기 전까지** 해야 돼요.

4. V-(으)ㄴ 후에

p.145

어떤 행위나 상태가 시간상 뒤임을 나타낸다.

'-(으)ㄴ 후에' expresses the idea "after the action of the preceding verb is done".

동사와 결합한다. '-(으)ㄴ 후에' is added to verb stems.

	받침 ×	받침 ○
동사	오다 → **온 후에**	먹다 → 먹**은 후에**

예) 학교를 졸업**한 후에** 바로 취직했어요.
저는 아침을 먹**은 후에** 커피를 마셔요.
책을 다 읽**은 후에** 느낀 점을 이야기해 보세요.

➕ 명사 바로 뒤에 '후에'가 오기도 한다.
'후에' is also used after nouns.

예) 식사 **후에** 커피를 마셔요.
은퇴 **후에** 봉사 활동을 시작했어요.
10분쯤 **후에** 스티븐 씨가 올 거예요.

➕ '부터', '까지' 등의 조사와 함께 쓸 때는 '에'를 생략하기도 한다.
When this form is used with particles such as '부터' or '까지', '에' can be omitted.

예) 한국에 **온 후부터** 한국어를 배웠어요.
저는 은퇴**한 후까지의** 계획을 세웠어요.

16과

1. V-아/어 놓다

p.162

어떤 행위를 끝내고 그 상태를 유지함을 나타낸다.
'-아/어 놓다' indicates that an action is completed and the state of that action is maintained.

동사와 결합한다. '-아/어 놓다' is added to verb stems.

	받침 ×	받침 ○
동사	사다 → **사 놓다**	열다 → 열**어 놓다**

예) 제가 표를 예매**해 놓았으니까** 걱정하지 마세요.
밖이 시끄러우니까 문을 열**어 놓지** 마세요.

➕ '-아/어 놓다'를 대신하여 '-아/어 두다'를 쓸 수 있다. 이 역시 어떠한 상태를 유지한다는 뜻으로 '-아/어 놓다'와 마찬가지로 미래의 일을 대비하는 뜻으로 쓰이는 경우가 많다.
'-아/어 두다' also indicates the continuation of the completed state of verbs, and is frequently used to express the preparation of something for future use as '-아/어 놓다'.

예) 제가 미리 예약**해 놓았으니까** 걱정하지 마세요.
→ 제가 미리 예약**해 두었으니까** 걱정하지 마세요.

2. N 대신

p.163

앞의 것이 아닌 그에 상응하는 것으로 대체함을 나타낸다.
'대신' indicates the substitution or replacement of the noun preceding '대신' with something else.

명사 뒤에 쓴다. '대신' is used with nouns.

	받침 ×	받침 ○
명사	친구 → 친구 **대신**	밥 → 밥 **대신**

예) 소고기가 없으면 소고기 **대신** 닭고기를 넣어도 돼요.
　 친구가 한국어를 잘 못해서 친구 **대신** 제가 예약했어요.

조사 '에'를 넣어 '대신에' 형태로도 사용된다.
The particle '에' can be attached to '대신'.

예) 전화번호 **대신에** 주소를 알려 주셔도 됩니다.
　 이번 연휴에는 해외여행 **대신에** 국내 여행을 가기로 했어요.

'대신' 앞에 오는 명사를 생략할 수 있다.
The noun preceding '대신' can be omitted.

예) 소금이 없으면 소금 **대신** 간장을 넣어도 돼요.
　 → 소금이 없으면 **대신** 간장을 넣어도 돼요.
　 동생이 아파서 제가 동생 **대신** 운전했어요.
　 → 동생이 아파서 제가 **대신** 운전했어요.

3. V-(으)ㄹ까 하다

p.166

어떤 행동을 할 마음이나 생각이 있음을 나타낸다.
'-(으)ㄹ까 하다' expresses a speaker's intention or consideration of doing something.

동사와 결합한다. '-(으)ㄹ까 하다' is added to verb stems.

	받침 ×	받침 ○
동사	가다 → **갈까 하다**	먹다 → 먹**을까 하다**

예) 이번 방학에 제주도에 **갈까 하는데** 같이 갈래요?
　 아침을 안 먹어서 점심을 일찍 먹**을까 해요.**
　 주말에 뭐 할 거예요?
　 - 별일 없으면 친구를 만**날까 해요.**

완전히 정해진 일에는 사용할 수 없다.
This form cannot be used when something has already been decided.

예) 고향에 가는 기차표를 예매했어요?
　 - 네, 5시 기차를 **탈까 해요**. (×)
　 - 네, 5시 기차를 타**기로 했어요**. (○)

4. A/V-(으)ㄹ 테니까

p.167

뒤에 이어질 내용에 대한 조건으로 화자의 의지나 강한 추측을 나타낸다.

'-(으)ㄹ 테니까' indicates a speaker's strong supposition or volition about the first clause and provides condition for the following clause.

형용사, 동사와 결합한다. '-(으)ㄹ 테니까' is added to adjective stems or verb stems.

	받침 ×	받침 ○
형용사	크다 → **클 테니까**	작다 → 작**을 테니까**
동사	가다 → **갈 테니까**	먹다 → 먹**을 테니까**

예) 내가 도와**줄 테니까** 걱정하지 마.
이번 시험은 어**려울 테니까** 열심히 준비하세요.
주말에는 사람이 많**을 테니까** 미리 예약하세요.

추측이 아닌 정해진 사실에 대해서는 사용할 수 없다.

It is awkward to use this form in reference to facts or information that is already determined.

예) 다음 주 월요일이 설날**일 테니까** 음식을 준비해야 돼요. (×)
다음 주 월요일이 설날**이니까** 음식을 준비해야 돼요. (○)

17과

1. V-아다/어다 주다

p.184

남을 위하여 어떠한 일을 하는 것을 나타낸다.

'-아다/어다 주다' is used when the subject does something for others.

동사와 결합한다. '-아다/어다 주다' is added to verb stems.

	ㅏ, ㅗ	하다	ㅓ, ㅜ, ㅣ…
동사	사다 → **사다 주다**	하다 → **해다 주다**	빌리다 → **빌려다 주다**

예) 집에 올 때 빵 좀 **사다 주세요.**
제가 내일 음식을 좀 **해다 줄게요.**
도서관에 가면 책 좀 빌**려다 줄** 수 있어요?

'모시다, 데리다'와 함께 쓸 경우 사람이나 동물을 동반하여 어떤 장소까지 이동함을 나타낸다.

When this form is used with '모시다, 데리다', it indicates that the subject accompanies or escorts a person or takes an animal to a certain place.

예) 할머니를 공항까지 **모셔다 드렸어요.**
저를 지하철역까지 **데려다 주실** 수 있어요?

그 행위가 미치는 대상이 윗사람인 경우에는 '-아다/어다 주다' 대신 '-아다/어다 드리다'를 사용한다.

'-아/어 드리다' is used when the subject does something for a person who is older or social superior.

예) 제가 집까지 모**셔다 드리겠습니다.**

– 괜찮아요. 안 데려다 주셔도 돼요.

민수야, 물 좀 갖다 줄래?

– 네, **갖다 드릴게요.**

2. V–(으)ㄹ 뻔하다

p.185

어떤 일이 거의 일어날 것 같았음을 나타낸다.

'–(으)ㄹ 뻔하다' is used to indicate a close call or an action that almost occurred.

동사와 결합한다. '–(으)ㄹ 뻔하다' is added to verb stems.

	받침 ×	받침 ○
동사	내리다 → 내**릴 뻔하다**	죽다 → 죽**을 뻔하다**

예) 버스에서 가방을 놓고 내**릴 뻔했어요.**

요리하다가 손가락을 다**칠 뻔했어요.**

교통사고가 나서 죽**을 뻔했어요.**

비행기를 놓**칠 뻔했는데** 타서 다행이에요.

3. 'ㅎ' 불규칙

p.188

어간이 'ㅎ'으로 끝나는 형용사들 중 일부는 '으'로 시작하는 어미가 올 경우 어간 끝음절의 받침 'ㅎ'과 어미의 '으'가 탈락한다. '–아/어'로 시작하는 어미가 올 경우 어간 말음 'ㅎ'이 탈락하고 어미 '–아/어'는 '애'로 '–야'는 '–얘'로 바뀐다.

Some adjectives ending in the final consonant 'ㅎ' are irregular. When they are followed by forms beginning with '으', 'ㅎ' and '으' are dropped. When combining with forms beginning with '–아/어', 'ㅎ' is dropped and '–아/어' changes into '애', and '–야' changes into '–얘' respectively.

	–습니다/ㅂ니다	–(으)ㄴ	–아요/어요	–아서/어서	–(으)니까
파랗다	파랗습니다	파란	파래요	파래서	파라니까
노랗다	노랗습니다	노란	노래요	노래서	노라니까
빨갛다	빨갛습니다	빨간	빨개요	빨개요	빨가니까
까맣다	까맣습니다	까만	까매요	까매서	까마니까
하얗다	하얗습니다	하얀	하얘요	하얘서	하야니까
이렇다	이렇습니다	이런	이래요	이래서	이러니까
저렇다	저렇습니다	저런	저래요	저래서	저러니까
그렇다	그렇습니다	그런	그래요	그래서	그러니까

예) 파**란** 하늘이 아름다워요.

울어서 눈이 빨**개졌어요.**

눈이 많이 와서 밖이 하**얘요.**

저 사람 멋있지요?

– 네, 저도 저**런** 사람이 멋있어요.

'놓다, 넣다, 낳다' 등의 동사와 형용사 '좋다' 등은 규칙 용언이므로 불규칙 활용을 하지 않는다.

Some verbs such as '놓다, 넣다, 낳다' and the adjective '좋다' are not irregular.

예) 숙제를 책상 위에 **놓으세요.**

어제는 날씨가 **좋았는데** 오늘은 비가 오네요.

4. V–아/어 있다

p.189

어떤 행위가 끝난 후에 그 상태가 계속 지속됨을 나타낸다.

'–아/어 있다' is used to indicate a condition or state resulting from an action that has been completed.

동사와 결합한다. '–아/어 있다' is added to verb stems.

	ㅏ, ㅗ	하다	ㅓ, ㅜ, ㅣ …
동사	앉다 → 앉**아 있다**	입원하다 → 입원**해 있다**	열리다 → 열**려 있다**

예) 학생들이 교실에 앉**아 있어요.**

친구가 교통사고가 나서 지금 병원에 입원**해 있어요.**

저기 걸**려 있는** 옷을 좀 보여 주세요.

까만색 가방에 파란색 인형이 달**려 있어요.**

'입다, 쓰다, 신다, 벗다' 등의 착용에 관련된 동사는 '–아/어 있다'가 아닌 '–고 있다'와 함께 쓰여 상태의 지속을 나타낸다.

Verbs related to wearing such as '입다, 쓰다, 신다, 벗다' are combined with '–고 있다' to express being in the state of wearing (or not wearing) something.

예) 모자를 쓰**고 있는** 사람이 스티븐 씨예요.

집에서는 편안한 옷을 입**고 있어요.**

발이 아파서 신발을 벗**고 있었어요.**

18과

1. V–(으)ㄴ 지

p.206

어떤 일이 있은 후 시간이 경과했음을 나타낸다.

'–(으)ㄴ 지' expresses the passage of time since a certain event or action took place.

동사와 결합한다. '–(으)ㄴ 지' is added to verb stems.

	받침 ×	받침 ○
동사	가다 → **간 지**	먹다 → 먹**은 지**

예) 태권도를 배**운 지** 일주일이 되었습니다.

기차가 출발**한 지** 30분쯤 됐어요.

이 약을 먹**은 지** 한 시간 됐어요.

그 이야기를 들**은 지** 얼마 안 됐어요.

한국에 **산 지** 얼마나 됐어요?

– 일주일밖에 안 됐어요.

어떤 일을 하지 않은 시간의 경과를 나타낼 경우 다음의 두 가지로 표현할 수 있다.

Expressions that a verb action has not occurred during a certain passage of time may or may not include negation, as in the following examples.

예) 고향 음식을 **못 먹은 지** 3개월 됐어요.
→ 고향 음식을 **먹은 지** 3개월 됐어요.
청소를 **안 한 지** 일주일 됐어요.
→ 청소를 **한 지** 일주일 됐어요.

2. N(이)나 2

p.207

수량을 나타내는 말 뒤에 쓰여 어떤 수량이 꽤 많음을 나타낸다.

When '(이)나' is used with numbers or quantities, it expresses that the number or amount is larger than what the speaker considers to be typical.

명사와 결합한다. '(이)나' is added to nouns.

	받침 ×	받침 ○
명사	네 마리 → 네 마리**나**	열 번 → 열 번**이나**

예) 제 친구는 고양이를 네 마리**나** 키워요.
이 영화는 열 번**이나** 봤어요.
어제 피곤해서 열두 시간**이나** 잤어요.

3. A-다, V-ㄴ다/는다, N(이)다

p.210

신문 기사나 일기 같은 글에서 사건이나 사실을 서술할 때 사용한다.

These forms are used in newspapers or journals to express objective statements.

형용사, 동사, 명사와 결합한다. These forms are added to adjective stems, verb stems or nouns.

	받침 ×	받침 ○
형용사	예쁘다 → 예쁘**다**	어렵다 → 어렵**다**
동사	가다 → **간다**	먹다 → 먹**는다**
명사	학교 → 학교**(이)다**	책 → 책**이다**

예) 켈리 씨는 목소리가 참 예쁘**다**.
요즘 날씨가 아주 덥**다**.
한국어 수업은 9시에 시작**한다**.
여름에는 냉면을 많이 먹**는다**.
여기는 내가 졸업한 학교**다**.
이 책은 요즘 사람들이 많이 읽는 책**이다**.
지난 시험은 너무 어려웠**다**.
이번 여름에는 비가 많이 왔**다**.
나는 이번 방학에 고향에 갈 것**이다**.
앞으로 공부를 열심히 하겠**다**.

문화 해설 Culture Extension

10과 반말 Banmal p.42

Q 언제 반말을 씁니까?

When is banmal used?

A 반말은 높이거나 낮추지 않는 말이기 때문에 자신과 사회적 지위가 비슷한 사람에게 사용합니다. 사회적 지위가 비슷하다 하더라도 처음 만났을 때는 높임말을 사용하고 친해지면 반말을 사용하기 시작합니다. 또한 아주 친밀한 관계에서는 나이 등의 사회적 지위에 차이가 있는 경우에도 반말을 쓸 수 있습니다. 자녀가 부모님께 또는 후배가 친한 선배에게 반말을 쓰는 경우를 자주 볼 수 있습니다.

Banmal is neither elevating or lowering in register – Therefore, this style is typically used in settings where the age or social status of the speakers is similar. Upon meeting someone for the first time, people always use honorific language regardless of social status, however, when they become close a little bit, they may start using banmal. Also, banmal can be used to people whom has very close personal relationship, even though that person's social status is higher; it is often observed that some children use banmal to their parents or students use it to senior students with whom they are very close.

Q 반말을 쓰자고 말하고 싶을 때 뭐라고 말합니까?

What do you say when you want to start using banmal?

A 서로 친해지면 반말을 사용할 수도 있습니다. 그럴 경우 반말을 쓴다는 의미로 "말을 놓아도 돼요?"라고 물어볼 수 있습니다. 또 자기보다 나이가 많은 사람이 자신에게 높임말을 할 때 반말하는 사이로 편하게 대하라는 뜻으로 "말씀 낮추세요."라고 합니다.

When two people become close, they can use banmal with each other. Before starting to use banmal, they may say "말을 놓아도 돼요?" ("May lower my speech?") expressing their intention to lower their level of formality. When an older person uses an honorific style to a younger person, one can say, "말씀 낮추세요." ("Please lower your speech level/register.") meaning that the older person should relax and not use the honorific style but rather use banmal to make the relationship more comfortable.

11과 인삼 Korean ginseng p.64

Q 한국의 인삼이 왜 유명합니까?

Why is Korean ginseng renowned?

A 한국의 인삼은 약효가 뛰어난 것으로 유명합니다. 세계 여러 나라의 인삼의 성분을 비교한 결과 인삼의 가장 중요한 약효 성분인 사포닌의 함량이 한국 인삼에서 가장 높게 나타났습니다. 한국의 인삼을 다른 나라에서 재배하면 그 효능과 모양이 달라지는데 이는 한국의 토양과 기후가 인삼 재배에 가장 적합하기 때문입니다.

Korean ginseng is renowned as the world's best medicinal ginseng. Comparative studies found that saponin, which is a key medicinal component in Korean ginseng, is higher in Korean ginsengs that those grown in other parts of the world. When Korean ginseng is cultivated in other environments, the shape and medicinal benefit is different from ginseng cultivated in Korea because the climate and soil in Korea is best for growing the world's finest ginseng.

Q 인삼은 어디에 좋습니까?

What is the medicinal benefit of ginseng?

A 인삼은 질병을 치료하기 위한 약제로도 쓰이지만 질병 예방을 위한 건강식품으로 더 널리 쓰이고 있습니다. 성인병 예방에 도움이 되며 면역력 강화, 소화 증진에 특히 효과가 뛰어난 것으로 알려져 있습니다.

Ginseng is used to treat disease, but is more widely used as health supplement. It is particularly effective in preventing lifestyle diseases, boosting the immune system, and improving digestion.

Q 인삼의 종류와 제품은 어떤 것들이 있습니까?

What kinds of ginseng and ginseng products are available?

A 인삼은 수확 후 전혀 가공을 하지 않은 수삼과 수삼의 껍질을 벗겨 말린 백삼, 수삼을 껍질째 여러 번 쪄서 말린 홍삼 세 가지가 있습니다. 예전에는 인삼을 다려서 마시는 것이 일반적이었으나 최근에는 차나 술, 젤리, 사탕 등 다양한 제품이 나와 있어 쉽게 이용할 수 있습니다.

There are three different forms of Korean ginseng. The form called Susam (fresh ginseng) is a raw product. Baeksam (white ginseng) is peeled and dried ginseng. The form called Hongsam (red ginseng) is steam-cured and then dried. Traditionally, it was common to make tea at home. In the old days ginseng was cut and boiled to drink, however, more recently various types of products, such as ginseng tea, ginseng liquor, ginseng jelly, and ginseng candy, have made ginseng more available.

수삼 백삼 홍삼

12과 붕어빵 Fish-shaped bread p.85

Q 왜 부모님을 닮은 사람들을 '붕어빵'이라고 합니까?

Why are people who resemble their parents called 'fish-shaped bread'?

A 붕어빵은 물고기 모양의 틀에 빵 반죽을 부어 즉석으로 만들어 내는 빵을 말하는데 틀에 넣어 만들기 때문에 모양이 똑같습니다. 그래서 부모님을 많이 닮은 사람들에게 '붕어빵'이라고 하는 것입니다. 그러나 '붕어빵'이라는 말은 형제들이 비슷하거나 다른 사람들과 비슷하다는 뜻으로는 사용하지 않습니다.

All fish-shaped bread is identical in appearance because they were made from dough cooked in the same mold. Therefore, people who look just like their parents are called 'fish-shaped bread'. However, Koreans don't use this expression for siblings or others who look alike.

13과 한옥 Traditional Korean-style houses p.108

Q 한옥은 어떤 특징이 있습니까?

What are the special features of traditional Korean-style house?

A 한옥은 한국의 전통 가옥으로 목조 건물입니다. 기둥을 비롯한 기본 뼈대가 나무로 되어 있고 흙으로 벽을 만듭니다. 흙으로 만든 벽은 습도를 조절해 주고 추위를 막아 주는 역할을 해서 장마에도 습하지 않고 겨울에는 따뜻합니다. 방바닥에는 온돌이 있어서 한국 사람들은 앉아서 생활하는 좌식 문화에 익숙합니다. 방문과 창문에는 창호지를 발라 커튼이 없어도 빛을 가릴 수 있고 바람도 적당히 통합니다. 집 안의 중앙에는 앞뒤가 트인 대청마루가 있는데 공기가 잘 통해서 시원합니다.

A Hanok is a traditional Korean-style house built of wood. The basic frame including the pillars is made of wood and the walls are made of clay. Walls made of clay control humidity while keeping out the cold so the house is not too humid during the rainy season and stays sufficiently warm during the winter. With the development of the Ondol, a floor-based heating system, Koreans began the cultural habit of sitting on the floor. Chanhoji (traditional Korean paper) is pasted across wooden window frames and even door frames. This provides shade from light sources (without curtains) and allows for appropriate air circulation. A wide front porch called 'Daecheongmaru' just into the open center of the house and helps maintain a refreshing air flow.

Q 어디에 가면 한옥을 볼 수 있습니까?

When can we see traditional Korean-style houses?

A 한국에서는 한국의 전통 가옥을 보존하기 위한 지역을 선정하여 보존에 힘쓰고 있습니다. 서울에는 종로구에 북촌 한옥마을이 있고 전주와 안동 등에도 전통 한옥마을이 보존되고 있습니다. 이외에 남산의 옛 모습을 복원하여 만든 남산 한옥마을과 한국의 전통 생활 모습을 재현하고 있는 민속촌에서도 한옥을 볼 수 있습니다.

The Korean government designed areas for the preservation of traditional houses and makes efforts to maintain the designated preservation status of those areas. The Bukchon Hanok Village is located in Seoul in Jongno-gu, and there are traditional Hanok villages preserved in Jeonju and Andong. Additionally, Korean-style houses are found in Namsan Hanok Village which restored old town, and in the Korean folk villages where the customs and lifestyles of the past generations have been carefully preserved.

- 북촌 한옥마을 Bukchon Hanok Village http://bukchon.seoul.go.kr
- 남산 한옥마을 Namsan Hanok Village http://hanokmaeul.seoul.go.kr

14과 경로 우대 Respect for senior citizens p.132

Q 경로우대 혜택으로는 어떤 것들이 있습니까?

What benefits are offered to senior citizens?

A 만 65세부터 고궁이나 국공립공원의 입장료, 지하철 승차 요금이 무료입니다. 그리고 개인의 경제 사정에 따라 차등 지급되는 경로 연금, 노령 연금 등의 서비스가 있습니다. 또한 의료기관 이용 시 일부 진료비를 정부가 부담하기도 합니다.

Entrance fees to public parks and the subway is free for senior citizens over 65. And there are national pension systems for seniors that are commensurate with individual's financial status. In addition, the government pays a portion of the treatment expenses for seniors when they make use of medical facilities.

15과 서울의 변화 Changes in Seoul p.154

Q 서울은 과거와 비교할 때 어떻게 달라졌습니까?

How has Seoul changed from the past?

A **인구** : 2010년 서울시 인구는 1천 46만 4천 명으로 1970년 569만 명에 비해 약 1.8배 증가하였습니다. 서울에 거주하고 있는 외국인 수도 급증하여 1970년 1만 500여명이었던 것이 2010년 25만여 명으로 늘었습니다.

교통 : 1900년에 준공된 한강의 최초 다리인 한강 철교가 6 · 25로 인해 파괴되었다가 1969년에 복구된 이래로 한강에는 30여 개의 다리가 세워졌으며 현재 건설 중인 곳도 있습니다. 1970년대 후반 한강 다리 건설이 본격화되면서 강남과 강북의 이동이 원활해지고 강남 지역의 개발이 촉진되었습니다. 서울 대중교통의 중심인 지하철은 1974년 1호선 서울역~청량리 7.8 km 구간 개통을 시작으로 현재 9호선까지 개통되어 있습니다. 이외에도 서울과 수도권을 연결하는 분당선 · 중앙선 · 경의선 · 경춘선 · 공항철도 · 인천 메트로 1호선 등이 운영되고 있습니다.

학교 : 학교의 수는 1970년대 800여 개에 불과하였으나 이후로 증가하여 현재 서울에는 2,100여 개의 초 · 중 · 고등학교가 있습니다. 출산율 저하에 따라 학생 수 증가는 둔화되고 있으나 학교 수와 학급 수를 꾸준히 늘려 교원 1인당 학생 수가 크게 감소하였습니다.

기타 자세한 서울의 변화에 대한 정보는 통계청 콜센터(02-2012-9114)나 홈페이지(http://kostat.go.kr), KOSIS 국가통계포털(http://kosis.kr), e-나라지표(http://www.index.go.kr) 등에서 검색할 수 있습니다.

Population: In 2010, Seoul's population was estimated at 10,464,000, an increase of about 1.8 times from the 1970's 5,690,000. The foreign population in Seoul has also rapidly grown. In 1970, there were 10,500 foreigners whereas in 2010, it was estimated at over 250,000.

Transportation: The first Han River Bridge, built in 1900, was destroyed during the Korean War. Since its reconstruction in 1969, over thirty bridges have been built over the Han River, and there are still some under construction. In the latter part of the 1970s, when the Han River bridge constructions were set in motion, the transportation between the south and the north of the river became easier which expedited the development of the regions south of the Han River. The major part of the public transportation in Seoul, the subway system, opened in 1974, with its first line between Seoul Station and Cheongnyangni, and since then nine lines have started running. Further, to provide transportation between Seoul and its metropolitan areas, Bundang line, Jungang line, Gyeongui line, Gyeongchun line, Airport rail, and Incheon metro are under operation.

Schools: In the 1970s, there were only a little over 800 schools in Seoul. Since then, the number has increased to over

2,100 schools including elementary, middle and high schools. Due to the nation's low birth rate, the increase in the number of students has slowed. However, through steady growth of the number of schools and classes, the teacher student ratio has largely diminished.

Further information regarding the development of Seoul can be found at Statistics Korea Call Center at 02-2012-9114 (http://kostat.go.kr), Korea Statistical Information Service (KOSIS) (http://kosis.kr), or e-National Indicators (http://www.index.go.kr).

16과 강강술래 Traditional Korean circle dance p.175

Q '강강술래'는 어떤 놀이입니까?

What is 'ganggangsullae'?

A '강강술래'는 정월 대보름날이나 추석날 밤에 주로 여자들이 하는 놀이입니다. 손을 잡고 둥그렇게 원을 그리며 노랫소리에 맞추어 걷거나 뛰면서 빙빙 돕니다. 이 때 부르는 노래에 '강강술래'라는 말이 되풀이되기 때문에 이 놀이나 이 때 부르는 노래를 '강강술래'라고 합니다. 강강술래는 2009년에 유네스코 세계 무형 유산으로 지정되었습니다.

It is a dance performed on the 15th day of the first lunar month, or on Chuseok (August 15th of the lunar calendar), in which women, hand in hand, either walk or run in a large circle as they sing. The song contains repetitions of the phrase 'ganggangsullae', thus giving the song and the dance their names. This dance was registered in 2009 with UNESCO as an intangible cultural heritage.

Q '강강술래'는 무슨 뜻입니까?

What does 'ganggangsullae' mean?

A '강강술래'라는 말의 뜻은 정확히 알 수 없으나 '강강'의 '강'은 '주위, 원'이란 뜻의 전라도 방언, '술래'는 '경계하다'의 의미인 한자어 '순라'에서 온 말일 것으로 추정하고 있습니다. 현재는 주위를 경계하라는 의미보다는 흥을 돋우는 후렴구의 기능을 하고 있습니다.

The exact meaning is not clear but it is assumed that 'gang' of 'ganggang' means surroundings or circle, according to Jeolla Province's dialect, and 'sullae' is thought to come from the Chinese word 'sunla', which means 'to be watchful'. Today, rather than meaning 'watchful of the surroundings', the phrase 'ganggangsullae' functions as the song's refrain to build up the excitement of the dance.

Q '강강술래'는 어떻게 부릅니까?

How is 'ganggangsullae' sung?

A '강강술래'는 먼저 한 사람이 노래를 부르면 나머지 사람들이 그 소리를 받아서 다 함께 '강강술래'라는 후렴구를 반복하는 형식으로 이루어집니다. 부르는 사람에 따라 가사를 즉흥적으로 바꾸어 부를 수 있고 노래의 빠르기도 자유롭게 조절할 수 있습니다.

'Ganggangsullae' is the phrase sung for the refrain portion of the song, during which one person sings the song and the rest of the group responds by repeating the phrase. As the lyrics can be improvised and the rhythm adjusted.

17과 색동 Multicolored sleeve fabric for Korean traditional top p.197

Q 색동저고리의 색동은 무슨 색을 씁니까?

What colors make up the multicolored top?

A 색동은 한국의 전통 색 천을 이어서 만듭니다. 전통 색인 황(黃), 청(靑), 백(白), 적(赤), 흑(黑)의 5가지 기본 색과 한 두 가지 색을 더 넣어 색동을 만듭니다. 색동은 정해진 격식이 있는 것은 아니고 전통 색을 기본으로 하되, 취향에 따라 변화를 줄 수 있습니다. 색동옷은 예전에는 돌을 맞은 아이만 입었으나 현대에 와서는 신부나 미혼 여성의 한복 등에도 사용되고 있습니다.

Fabrics in Korea's traditional hues are sewn together to create the colorful appearance. The basic traditional colors yellow, blue, white, red and black, and a few other colors are added to make the top. There is no set formula for the color combination. As long as the traditional colors make up the base, the color combination can vary according to personal preference. In earlier times, the top was worn only by children on their first birthday. However, it is now widely worn by brides or single women.

Q 색동저고리처럼 전통 색을 일상생활에 사용한 예로는 무엇이 있습니까?

What are some examples of everyday life usage of the traditional colors found in such garments as multicolored tops?

A 전통 색은 나쁜 기운을 막거나 건강을 기원하는 의미에서 사용되었습니다. 전통 혼례 때 신부가 얼굴에 찍는 연지곤지, 아이 돌이나 생일에 해 주는 수수팥떡, 잔칫상의 국수에 올리는 오색 고명, 궁궐이나 절의 단청 등에서 전통 색의 아름다움과 음귀를 몰아내려는 뜻을 엿볼 수 있습니다.

The traditional colors were once meant to ward off bad energy and bring good health. We can see these colors today in the following: the bride's makeup in a traditional wedding ceremony; Korean sorghum red bean cake prepared on a child's birthday; the five color topping on a noodle soup served at a banquet; or the decorative colors on ancient wooden palaces or temples. All of these represent the beauty of traditional colors, as well as showcase the intention to expel negative energy.

18과 한국의 시 『눈 내리는 밤』 Korean poem 『The Snowy Night』 p.220

Q 이 시를 지은 강소천은 어떤 사람입니까?

What kind of person is Gang Socheon, who authored this poem?

A 강소천(1915~1963)은 아동 문학가로 다수의 동요와 동시, 아동 소설을 남겼으며 쉽고 간결한 문장으로 어린이의 밝고 아름다운 정서를 표현하였습니다. 옛이야기 식의 동화에서 본격 문학으로 아동 문학을 승격시켰다는 평가를 받고 있습니다. 강소천이 아동 문학에 남긴 공적을 기념하여 1965년에 강소천아동문학상(소천문학상)이 제정되었습니다.

Gang Socheon (1915-1963) was a children's author who wrote numerous children's songs, poems, and novels, and whose easy and simple writing style effectively conveyed children's happy and beautiful emotions. He is credited for improving children's literature from old style "storytelling" into a more literary genre. The Gang Socheon Children's Literary Award was established in 1965, in memory of his work in the development of children's literature.

Q 『눈 내리는 밤』은 어떤 시입니까?

What kind of poem is 『the Snowy Night』?

A 「눈 내리는 밤」은 눈 내리는 고요한 밤에 홀로 사색하는 사람의 모습을 묘사하고 있습니다. 조용한 겨울밤의 정취와 깊은 생각에 빠진 사람의 모습이 서로 잘 어울리는 시입니다.

It depicts a contemplative person on a silent, snowy night. The mood of the tranquil winter night fits well with the person deep in thought.

듣기 지문 Listening Script

10과 듣기

듣기 1

track 08 p.36

남 벌써 두 시야. 우리 점심 먹자.
여 아, 벌써 그렇게 됐어?
남 그럼 우리 지금 바쁘니까 피자 시켜 먹을까?
여 그래, 좋아.
남 무슨 피자 먹을래?
여 글쎄, 불고기피자 어때?
남 난 불고기는 좋아하는데 불고기피자는 별로 안 좋아해.
여 그럼 치즈피자 시키자. 내가 주문할게.

듣기 2

track 09 p.36

점원 감사합니다. 피자나라입니다.
손님 주문 좀 하려고 하는데요.
점원 주소와 전화번호를 말씀해 주세요.
손님 전화번호는 880-5488이고, 주소는 서울아파트 103동 808호예요.
점원 네, 무슨 피자로 하시겠어요?
손님 치즈피자 큰 거 한 판하고 콜라 한 병 갖다 주세요.
점원 네, 알겠습니다.
손님 모두 얼마지요?
점원 모두 18,000원입니다.
손님 네. 그런데 시간이 얼마나 걸리나요?
점원 30분쯤 걸립니다.
손님 네, 알겠습니다.

11과 듣기

듣기 1

track 18 p.58

간호사 어서 오세요. 저희 병원에 처음 오셨나요?
켈리 네, 처음이에요.
간호사 그럼 여기 성함과 연락처를 쓰시고 잠깐만 기다려 주세요.
켈리 네.

간호사 켈리 씨, 들어오세요.
의사 어디가 아프세요?
켈리 열도 나고 목도 많이 아파요.
의사 언제부터 그랬어요?
켈리 이틀 전부터 아팠어요.
의사 네. 자, '아' 해 보세요.
켈리 아.
의사 목이 많이 부었네요. 기침은 안 하세요?
켈리 네, 기침은 안 하는데 콧물이 나요.
의사 요즘 감기가 유행이에요. 약 잘 드시고 따뜻한 물을 자주 드세요.
켈리 네, 내일 또 와야 하나요?
의사 아니요, 약을 다 드시고 낫지 않으면 그때 다시 오세요.
켈리 네, 감사합니다. 안녕히 계세요.

듣기 2

track 19 p.59

기자 지금 막 마라톤대회가 끝났는데요. 이번 대회에 참가한 선수 중에 가장 연세가 많으신 김인창 씨와 이야기를 나눠 보겠습니다. 안녕하세요? 먼저 마라톤을 끝까지 달리신 것 축하드립니다.
선수 네, 감사합니다.
기자 마라톤에 처음 참가하신 건가요?
선수 네, 마라톤은 이번이 처음입니다.
기자 연세가 여든 여덟이신데 정말 대단하십니다. 지금 기분이 어떠십니까?
선수 정말 좋습니다. 더 달릴 수 있을 것 같은데요.
기자 평소에 운동을 많이 하십니까?
선수 저는 아침마다 두 시간씩 운동을 합니다. 20년 동안 계속 운동을 해서 이렇게 건강한 것 같습니다.
기자 식사는 어떻게 하십니까? 건강을 위해서 특별히 드시는 것이 있습니까?
선수 특별히 먹는 음식은 없고 너무 짜거나 매운 음식은 잘 먹지 않습니다.
기자 네, 다시 한번 축하드립니다.

12과 듣기

듣기 1
track 28 p.80

여 1 마리코 씨, 머리를 짧게 잘랐네요.

여 2 네, 기분을 바꿔 보려고 머리를 잘랐어요.

여 1 무슨 일 있어요?

여 2 아니요, 공부를 열심히 했는데 시험을 못 봐서 기분이 좀 안 좋았어요.

여 1 아, 그래요? 짧은 머리가 잘 어울리네요. 그렇게 자르니까 시원해 보여요.

여 2 고마워요.

여 1 저도 마리코 씨처럼 머리를 짧게 자르고 싶은데 한국에서는 아직 미용실에 못 가 봤어요.

여 2 그래요? 그럼 어제 제가 간 미용실을 소개해 줄까요? 값도 비싸지 않고 잘하는 편이에요.

여 1 네, 소개해 주세요.

듣기 2
track 29 p.80

직원 어서 오세요. 예약하셨나요?

손님 아니요. 안 했는데요. 많이 기다려야 하나요?

직원 20분 정도만 기다리시면 돼요. 저쪽에 앉아서 잠깐만 기다려 주세요.

• • • • • • • • • •

미용사 이쪽으로 앉으세요. 머리 어떻게 해 드릴까요?

손님 긴 머리가 무거워 보여서 좀 자르고 싶은데요.

미용사 그러면 머리를 좀 짧게 자르고 파마를 해 보시는 게 어때요?

손님 파마머리가 저한테 어울릴까요?

미용사 네, 아주 잘 어울리실 것 같은데요.

손님 그럼 그렇게 해 주세요.

미용사 앞머리도 좀 잘라 드릴까요?

손님 앞머리는 조금만 다듬어 주세요. 그런데 시간은 얼마나 걸려요?

미용사 두 시간쯤 걸려요.

13과 듣기

듣기 1
track 38 p.102

여 어서 오세요. 집 찾기 힘들었지요?

남 아니에요. 어렵지 않았어요. 여기 과일을 좀 사 왔어요.

여 그냥 와도 괜찮은데……. 고마워요.

남 집이 참 밝고 깨끗하네요. 주변 환경은 어때요?

여 근처에 시장도 있고 공원도 가까워서 살기가 좋아요.

남 집세가 비싸겠어요.

여 네, 시설도 잘되어 있고 지하철역에서 가깝기 때문에 좀 비싼 편이에요.

남 저도 요즘 집을 구하고 있는데 좋은 집을 찾을 수 있을지 모르겠어요.

여 왜요? 지금 살고 있는 기숙사가 마음에 안 들어요?

남 아니요, 생활비가 많이 안 들어서 좋기는 한데 룸메이트 때문에 좀 힘들어요. 그래서 다음 학기에 이사를 가려고 생각 중이에요.

여 그럼 유학생들이 많이 보는 인터넷 사이트가 있는데 거기에서 한번 찾아보세요.

듣기 2
track 39 p.103

스티븐 저, 원룸 광고 보고 전화했는데요. 방이 아직 있습니까?

집주인 네, 아직 있는데요.

스티븐 거기 위치가 어떻게 돼요?

집주인 대학동에 있는데 서울대학교에서 걸어서 10분 정도 걸려요. 하나빌딩 3층으로 오시면 됩니다.

스티븐 집세가 어떻게 됩니까?

집주인 보증금 천만 원에 월세 삼십오만 원입니다. 얼마 전에 새로 지었기 때문에 시설도 잘되어 있고 아주 깨끗합니다.

스티븐 관리비는 얼마나 나오나요?

집주인 수도 요금, 가스 요금 포함해서 5만 원 정도니까 다른 곳보다 싼 편이에요. 한번 직접 와서 구경해 보세요.

스티븐 네, 지금 바로 가겠습니다. 도착하면 전화 드릴게요.

집주인 네, 기다리고 있겠습니다.

14과 듣기

듣기 1

track 48 p.126

저희 서울아트센터를 찾아 주신 여러분께 감사의 말씀을 드립니다. 이제 곧 공연이 시작됩니다. 모두 자리에 앉아 주십시오. 공연장 안에서는 음식물을 드시거나 사진 촬영을 하실 수 없습니다. 공연 시작 후에는 자리를 바꾸거나 밖으로 나가실 수 없습니다. 그리고 공연 중에는 휴대 전화 사용이 금지되오니 휴대 전화를 꺼 주십시오. 오늘도 저희 서울아트센터와 함께해 주셔서 감사합니다. 즐거운 시간 보내시기 바랍니다.

듣기 2

track 49 p.126

직원 여러분, 기숙사에 오신 것을 환영합니다. 먼저 기숙사에서 지켜야 할 것에 대해서 몇 가지 알려 드리겠습니다. 기숙사는 여러 사람이 같이 사는 곳이기 때문에 다른 사람에게 불편을 주는 행동을 하면 안 됩니다. 밤에 큰 소리로 음악을 듣거나 시끄럽게 떠들면 안 됩니다. 그리고 기숙사는 금연 건물이므로 기숙사 안에서는 담배를 피울 수 없습니다. 질문 있으십니까?

학생 식사는 어떻게 하나요?

직원 1층에 있는 기숙사 식당을 이용하시면 됩니다. 하지만 일요일에는 문을 열지 않습니다.

학생 방에서 음식을 만들어 먹어도 되나요?

직원 방에서는 요리를 하면 안 됩니다. 음식을 만들고 싶으면 2층에 있는 부엌을 이용해 주세요.

학생 기숙사에 친구가 놀러 와도 됩니까?

직원 네. 하지만 밤 10시 이후에는 모두 돌아가야 합니다.

학생 기숙사 안에 운동할 수 있는 곳이 있습니까?

직원 네, 지하에 운동 시설이 있는데 기숙사에 사는 학생은 50% 싸게 이용할 수 있습니다.

15과 듣기

듣기 1

track 58 p.148

여 샤오밍 씨는 어렸을 때 꿈이 뭐였어요?

남 저는 어렸을 때 농구 선수가 되고 싶었어요.

여 그래요? 그런데 왜 농구를 계속 안 했어요?

남 중학생 때 다리를 다쳐서 농구를 그만두게 되었어요. 유진 씨는 어렸을 때 꿈이 뭐였어요?

여 어렸을 때는 선생님이 되고 싶었는데 지금은 꿈이 달라졌어요.

남 그럼 지금은 꿈이 뭐예요?

여 좋은 변호사가 돼서 힘든 사람들을 도와주고 싶어요.

남 저는 대학교를 졸업한 후에 뭘 해야 할지 아직 결정을 못 했어요.

여 샤오밍 씨는 공부하는 걸 좋아하니까 대학원에 가면 어때요?

남 공부하는 것도 좋은데 대학원에 들어가기 전에 일을 해 보고 싶어서요.

듣기 2

track 59 p.148

여 오늘은 다음 달에 은퇴하시는 김정민 씨를 모시고 이야기를 나누어 보겠습니다. 몇 년 동안 이 회사에서 일하셨습니까?

남 고등학교 졸업한 후에 바로 일하기 시작했으니까 벌써 40년이 되었네요. 시간이 정말 빨리 지난 것 같습니다.

여 처음 회사에 들어오셨을 때와 지금 회사가 많이 달라졌지요?

남 네, 그때는 직원이 다섯 명밖에 없는 작은 회사여서 모두 가족같이 지냈습니다. 지금은 300명이 넘는 큰 회사가 되었습니다. 정말 많이 발전했지요.

여 다른 분들보다 승진을 빨리 하신 편인데 특별한 방법이 있습니까?

남 글쎄요. 특별한 방법은 없고요. 회사가 잘되는 것을 보면 저도 발전하는 것 같아서 그냥 열심히 한 것밖에 없습니다.

여 네, 은퇴하신 후에 어떤 계획이 있으세요?

남 일을 하는 동안 너무 바빠서 아내와 시간을 많이 보내지 못했습니다. 그래서 은퇴 후에 아내와 같이 여행을 많이 하기로 했습니다. 여행을 다녀온 후에는 봉사 활동을 하려고 합니다.

여 멋진 계획이시네요. 그럼 여행 잘 다녀오시고 건강하시기를 바라겠습니다.

남 네, 감사합니다.

16과 듣기

듣기 1
track 68 p.170

앵커 오늘부터 추석 연휴가 시작되는데요. 서울역에 나가 있는 김혜경 기자를 불러 보겠습니다. 김혜경 기자!

기자 예, 저는 지금 서울역에 나와 있습니다. 서울역은 지금 고향에 내려가는 사람들로 복잡합니다. 그럼 고향에 가시는 한 분과 이야기 나눠 보겠습니다. 고향이 어디십니까?

시민 부산입니다.

기자 고향에는 누가 계십니까?

시민 부모님과 형님이 계십니다.

기자 고향에 내려가는 기분이 어떠십니까?

시민 오랫동안 고향에 못 내려갔는데 가족들을 만날 생각을 하니까 아주 기쁩니다. 부모님께서 맛있는 음식도 많이 해 놓고 기다리고 계실 겁니다.

기자 연휴가 긴데, 특별한 계획 있으십니까?

시민 부모님 일도 좀 도와드리고 가까운 곳으로 여행도 갈까 합니다.

기자 네, 말씀 감사합니다. 고향 잘 다녀오시기 바랍니다. 지금까지 서울역에서 김혜경이었습니다.

듣기 2
track 69 p.170

여 1 정우 씨, 저 나나인데요. 부탁 하나만 해도 돼요?

남 무슨 일인데요?

여 1 제가 추석 연휴에 이틀 정도 여행을 가는데 고양이를 맡길 곳이 없어서요. 미안하지만 고양이 좀 맡아 줄 수 있어요?

남 아, 어떻게 하죠? 저도 그러고 싶은데 우리 가족도 고향에 내려가요.

여 1 그래요? 부탁할 사람이 없어서 큰일이네요.

남 지연 씨한테 연락해 보면 어때요? 지연 씨 집에도 고양이가 있어요.

여 1 아, 그래요? 그럼 한번 전화해 볼게요.

• • • • • • • • • • •

여 1 여보세요? 지연 씨? 저 나나인데요. 혹시 이번 연휴에 고향에 내려가요?

여 2 아니요, 이번에는 연휴가 짧아서 안 내려가요.

여 1 그럼 미안하지만 제 고양이 이틀만 맡아 줄 수 있어요? 여행을 가는데 고양이를 맡길 곳이 없어서요.

여 2 네, 좋아요. 제가 잘 봐 줄 테니까 걱정 마세요.

여 1 정말 고마워요. 필요한 건 제가 다 준비해서 내일 갈게요.

17과 듣기

듣기 1
track 78 p.192

여 스티븐 씨, 무슨 안 좋은 일 있어요? 기분이 안 좋아 보여요.

남 새로 산 하얀색 가방을 잃어버렸어요. 식당에 두고 온 것 같은데 못 찾았어요.

여 식당에 물어봤어요?

남 네. 찾으면 연락해 주기로 했는데 아직 연락이 안 왔어요. 다른 건 잃어버려도 괜찮은데 가방 안에 외국인등록증이 들어 있어서 큰일이에요.

여 외국인등록증은 다시 받을 수 있으니까 너무 걱정하지 마세요.

남 그래요? 다시 받으려면 어떻게 해야 돼요?

여 출입국관리사무소에 가 본 적 있지요? 거기에 가서 다시 신청하면 돼요.

남 혹시 신청할 때 뭐가 필요한지 알아요?

여 여권을 가지고 가야 돼요. 여권은 가지고 있어요?

남 네, 있어요. 알려 줘서 고마워요.

듣기 2
track 79 p.193

여 거기 경찰서죠? 집에 도둑이 든 것 같아요. 빨리 좀 와 주세요.

경찰 네, 주소를 말씀해 주세요.

여 여기는 신림동 33번지 1층이에요.

경찰 네, 지금 바로 가겠습니다.

• • • • • • • • • • •

경찰 경찰서에서 나왔는데요.

여 네, 들어오세요.

경찰 다치신 분은 없습니까?

여 네, 다행히 다친 사람은 없어요.

경찰 없어진 물건이 뭐지요?

여 아직 정확하게 모르겠는데 시계하고 노트북이 없어진 것 같아요.

경찰 처음 집에 오셨을 때 어땠습니까? 좀 자세하게 말씀해 주세요.

여 제가 아침에 외출해서 조금 전에 집에 돌아왔는데 현관문이 열려 있었어요. 그리고 집 안으로 들어오려고 하는데 어떤 남자가 뛰어나왔어요.

경찰 혹시 얼굴을 보셨습니까?

여 아니요, 밤이라서 얼굴은 잘 보지 못했는데 키가 큰 편이었어요. 하얀색 티셔츠와 까만색 바지를 입었고, 회색 모자를 썼어요.

경찰 네, 알겠습니다.

18과 듣기

듣기 1

track 88 p.214

'오후의 라디오' 가족 여러분 안녕하세요? 오늘은 저희 방송을 시작한 지 일 년이 되는 날입니다. 오늘도 처음 시작한 날처럼 바람도 시원하고 창밖으로 보이는 단풍도 참 아름답네요. 여러분과 나뭇잎이 떨어지는 가을, 눈 내리는 겨울, 꽃 피는 봄, 그리고 뜨거운 여름을 보냈는데요. 그동안 여러분이 보내 주신 글을 보며 울고 웃으면서 행복한 일 년을 보냈습니다. 함께해 주셔서 정말 감사합니다. 앞으로도 매일 오후 4시, 잊지 말고 찾아 주세요. 그럼 오늘의 첫 노래 듣겠습니다. '가을이 오면'.

듣기 2

track 89 p.214

다음은 한국에서 공부하고 계시는 주디 씨의 사연인데요. 멀리 독일에서 오셨군요. 그럼 편지를 읽어 드리겠습니다.
내일은 제가 한국에 온 지 일 년이 되는 날입니다. 그동안 참 많은 일들이 있었는데요. 가장 기억에 남는 것은 한 달 전에 친구들과 같이 부산 여행을 한 것입니다. 여행을 하면서 서로 하고 싶은 것이 달라서 싸운 적도 있지만 그 여행 때문에 정도 많이 들고 서로를 더 잘 알게 되었습니다. 고향으로 돌아가면 친구들이 많이 그리울 것 같습니다. 이제 고향으로 돌아갈 날이 일주일밖에 남지 않았습니다. 고향에 가는 것은 좋지만 친구들과 헤어지는 것이 정말 아쉽습니다. 그리고 공부를 더 열심히 하지 않은 것이 좀 후회됩니다. 한국에 남아 있는 친구들에게 이 말을 꼭 하고 싶습니다. "열심히 공부하고 열심히 놀아! 그리고 앞으로도 계속 연락하자!"
네, 주디 씨. 남은 한국 생활 잘 보내시고 고향에 가서도 건강하고 행복하게 잘 지내세요.

모범 답안 Answer Key

10과

듣고 말하기 p.36

1. 1) ②

2. 1) 치즈피자, 콜라
2) 18,000
3) 30

읽고 쓰기 p.39

1) ③

2) ②

11과

듣고 말하기 p.58

1. 1) ②
2) ④

2. 1) 아침, 두 시간
2) ②

읽고 쓰기 p.61

1) 생활 습관을 바꾸는

2) ①

12과

듣고 말하기 p.80

1. ②

2. 1) ④

13과

듣고 말하기 p.102

1. 1) ②, ⑤, ⑥
2) ②

2. 10, 보증금, 월세, 수도 요금, 가스 요금

읽고 쓰기 p.105

1) ②

2) ②

14과

듣고 말하기 p.126

1. ③

2. 1) ①
2) ①

읽고 쓰기 p.129

1) ③

2) 머리는 그 사람의 영혼이 있는 곳이기 때문에

15과

듣고 말하기 p.148

1. 1) ①

2. 1) ②
2) ②, ③

읽고 쓰기 p.151

1) ②

2) 없어졌습니다, 편리해졌습니다, 많아졌습니다

16과

듣고 말하기 p.170

1. ①

2. 1) ②
2) ③

읽고 쓰기 p.173

1) 한 해 농사가 잘 끝난 것을

2) ②

17과

듣고 말하기 p.192

1. 1) ③

   2) ①, ③

2. 1) ③

   2) ③

읽고 쓰기 p.195

1) ②

2)

분실물 신고	
잃어버린 물건	카메라
잃어버린 날짜	7월 20일
잃어버린 장소	4층 교실
연락처	히엔, 010-0880-5488

18과

듣고 말하기 p.214

1. 1) 가을

   2) 1년

   3) 오후 4시

2. 1) ①

   2) ③

3. "열심히 공부하고 열심히 놀아! 그리고 앞으로도 계속 연락하자!"

읽고 쓰기 p.217

1) ③

2) 한국어를 잘 못했기 때문에

어휘 색인 Glossary

ㄱ

ㄴ

ㅅ

식혜	sweet rice drink	160
식후	after a meal	52
신고	report	195
실내	interior	176
실력이 늘다	to improve oneself	216
실수하다	to make a mistake	118
싱겁다	to be bland	54
쌀쌀하다	to be chilly	205
쌍꺼풀이 있다[없다]	to have/not have double eyelids	70
쓰다	to be bitter	27
쓰다	to use	122
쓰다듬다	to pat; to touch	128
씩	(number of) times	51

ㅇ

아기를 낳다	to give birth to	138
아쉽다	to feel sorry	204
아직도	still	146
아파트	apartment	92
안과	ophthalmology	49
안다	to hold; to embrace	133
안약	eye drops	49
알	unit noun for pills, etc.	65
앞머리를 다듬다	to trim bangs	80
야단(을) 맞다	to get a scolding	124
야채	vegetable	38
어깨가 넓다[좁다]	to have broad/narrow shoulders	70
어디에서나	anywhere	150
어떤	some; certain	128
어른	adult	73
어리다	to be young	72
어지럽다	to be dizzy	48
얼굴에 뭐가 나다	to have one's face break out	48
얼음이 얼다	to freeze	205
에 대한	about; concerning	124
여성적이다	to be feminine	71
연고	ointment	49
연두색	yellow-green	183
연휴	long weekend; holidays	164
열리다	to be opened	189
염색을 하다	to dye	80
영양제	nutritional supplements	60
영혼	soul	128
예방하다	to prevent	60
예전에	in the old days	150
예절	etiquette	124
오래간만이다	It's been a long time	142
오랜만에	after a long time	29
오르다	to go up	139
오피스텔	office with kitchen and sleeping facilities	92
완전히	completely	85
외모	appearance	79
외출하다	to go out	60
원고	script	171
원룸	studio apartment	92
월세	monthly rent	96
위치	location	101
유실물 센터	lost and found	190
유학	studying abroad	104
윷놀이(를) 하다	to play Yut	160
은퇴하다	to retire	138
을/를 위해(서)	for (something)	56
음식물 반입 금지	No Food or Drinks	117
음식을 차리다	to set the table with food	164
이름을 부르다	to call someone's name	116
이름표	name tag	190
이마가 넓다[좁다]	to have wide/narrow forehead	70
이비인후과	ear-nose-and-throat department	49
이상	more than	35
이상형	ideal type	78
이웃	neighbor	172
이제	now	140
이하	less than	101
익숙하다	to be accustomed	140
인구	population	154
잃어버리다	to lose	182
입맛이 없다	to have no appetite	48
입술이 두껍다[얇다]	to have thick/thin lips	70
입에 맞다	to be to one's taste	34
입이 크다[작다]	to have wide/small mouth	70
입학	entrance into school	109
입학하다	to enter a school	138
잎	leaf	65

ㅎ

집필 Authors

최은규 Choi Eunkyu
서울대학교 국어국문학과 박사
Seoul National University, Ph.D in Korean Language and Literature

서울대학교 언어교육원 한국어교육센터 대우부교수
Seoul National University, LEI Associate Professor

이정화 Lee Jeonghwa
이화여자대학교 국어국문학과 박사
Ewha Womans University, Ph.D in Korean Language and Literature

서울대학교 언어교육원 한국어교육센터 대우전임강사
Seoul National University, LEI Full-time Instructor

조경윤 Cho Kyungyoon
한양대학교 국어국문학과 박사 수료
Hanyang University, Ph.D Candidate in Korean Language and Literature

서울대학교 언어교육원 한국어교육센터 대우전임강사
Seoul National University, LEI Full-time Instructor

이수정 Lee Sujeong
한국외국어대학교 국어국문학과 박사
Hankuk University of Foreign Studies, Ph.D in Korean Language and Literature

서울대학교 언어교육원 한국어교육센터 대우전임강사
Seoul National University, LEI Full-time Instructor

번역 Translator

이소영 Lee Soyoung
이화여자대학교 교육공학과 박사 과정
Ewha Womans University, Doctoral Student in the Department of Educational Technology

서울대학교 언어교육원 한국어교육센터 대우전임강사
Seoul National University, LEI Full-time Instructor

번역 감수 Translation Editor

로버트 카루바 Robert Carrubba
서강대학교 국어국문학과 석사
Sogang University, M.A. in Korean Language and Literature

한국어 교육자 및 번역가
Korean Language Educator and Translator